Le sablier

Édition : Ann Châteauvert
Design graphique : Christine Hébert
Infographie : Johanne Lemay
Révision : Sylvain Trudel
Correction : Odile Dallaserra et Jocelyne Cormier

Catalogage avant publication de Bibliothèque et
Archives nationales du Québec et Bibliothèque
et Archives Canada

Titre: Le sablier : Otage au Sahara pendant
450 jours / Edith Blais.
Noms: Blais, Edith, 1984- auteur.
Identifiants: Canadiana (livre imprimé) 20200093177
| Canadiana (livre numérique) 20200093185 |
ISBN 9782761957052 |
ISBN 9782761957069 (livre numérique)
Vedettes-matière: RVM: Blais, Edith, 1984- |
RVM: Tacchetto, Luca. | RVM: Otages—Québec
(Province)—Récits personnels. |
RVM: Otages—Italie—Récits personnels. |
RVM: al-Qaida (Organisation)—Récits personnels. |
RVMGF: Récits personnels.
Classification: LCC KZ7158.B53 2021 |
CDD 364.15/4092—dc23

DISTRIBUTEURS EXCLUSIFS :

Pour le Canada et les États-Unis :
MESSAGERIES ADP inc.*
Téléphone: 450-640-1237
Internet: www.messageries-adp.com
* filiale du Groupe Sogides inc.,
  filiale de Québecor Média inc.

Pour la France et les autres pays :
INTERFORUM editis
Téléphone: 33 (0) 1 49 59 11 56/91
Service commandes France Métropolitaine
Téléphone: 33 (0) 2 38 32 71 00
Internet: www.interforum.fr
Service commandes Export – DOM-TOM
Internet: www.interforum.fr
Courriel: cdes-export@interforum.fr

Pour la Suisse :
INTERFORUM editis SUISSE
Téléphone: 41 (0) 26 460 80 60
Internet: www.interforumsuisse.ch
Courriel: office@interforumsuisse.ch
Distributeur: OLF S.A.
Commandes :
Téléphone: 41 (0) 26 467 53 33
Internet: www.olf.ch
Courriel: information@olf.ch

Pour la Belgique et le Luxembourg :
INTERFORUM BENELUX S.A.
Téléphone: 32 (0) 10 42 03 20
Internet: www.interforum.be
Courriel: info@interforum.be

01-21

Imprimé au Canada

Dépôt légal : 2021
Bibliothèque et Archives nationales du Québec

ISBN (version papier) 978-2-7619-5705-2
ISBN (version numérique) 978-2-7619-5706-9

Gouvernement du Québec – Programme de crédit
d'impôt pour l'édition de livres – Gestion SODEC –
www.sodec.gouv.qc.ca

L'Éditeur bénéficie du soutien de la Société de
développement des entreprises culturelles du
Québec pour son programme d'édition.

Conseil des arts   Canada Council
du Canada   for the Arts

Nous remercions le Conseil des arts du Canada de
l'aide accordée à notre programme de publication.

Financé par le gouvernement du Canada
Funded by the Government of Canada | Canadä

Nous reconnaissons l'aide financière du
gouvernement du Canada par l'entremise du Fonds
du livre du Canada pour nos activités d'édition.

Edith Blais

Le sablier

Otage au Sahara pendant 450 jours

*À ma Dame Lumière (Sophie Pétronin) ainsi qu'à
mon Étoile Céleste (sœur Gloria Cecilia Narvaez).
Vous avez rallumé mon esprit en brillant par votre force
et votre courage. Merci d'avoir semé la graine qui,
grâce à vos innombrables encouragements sous cette tente blanche,
a fleuri en Sablier. Que mon amour vous accompagne
et accompagne les vôtres. Je vous porterai à jamais
dans mon cœur et dans mes pensées.*

Préface

QUE SE DISENT DEUX EX-OTAGES lorsqu'ils se rencontrent ? Ils se parlent des choses qu'ils ont vécues, de la convergence de leurs efforts, des émotions qu'ils ont ressenties, des petites victoires dans la survie au jour le jour, de la reprise graduelle du contrôle d'une partie de leur destin, des angoisses transitoires et permanentes, et, surtout, de leur chance inouïe d'être vivants et libres !

Je partage avec Edith ce statut d'ex-otage ; d'où ma volonté de contribuer à la préface de ce livre remarquable.

En effet, moi et mon compagnon, Robert Fowler, avons été les otages d'Al-Qaïda au Maghreb islamique (AQIM) du 14 décembre 2008 au 21 avril 2009. Bien que kidnappés au Niger, nous avons été détenus dans la même région qu'Edith et Luca, dans le nord du Mali, probablement dans certains des mêmes « camps » et peut-être aussi sous les mêmes acacias.

Cependant, nos 130 jours n'ont rien de comparable en ce qui a trait à la souffrance endurée, à leurs 450 jours de détention !

Nos aventures respectives comportent bien des similitudes, mais aussi des différences, puisque la situation, dans cette région éprouvée du monde, a fortement évolué depuis 2009. Les nombreuses opérations militaires n'ont pas réussi à extirper le terrorisme de l'épicentre de la partie ouest du continent africain. De fait, il semble que le terrorisme se soit davantage enraciné là-bas, malgré la présence des forces françaises et de celles de l'ONU. Les groupes se sont fragmentés. Les efforts de déstabilisation se sont multipliés.

Nous aussi avions gratifié de sobriquets et de noms évocateurs nos gardiens, car, pour la plupart, comme on le voit dans le livre d'Edith, ils hésitaient à nous révéler leur véritable identité.

Nous aussi avions songé à nous évader, mais, devant la magnitude du risque et des défis, nous avions reculé. Nous n'étions tout simplement pas dotés du même courage qu'Edith et Luca.

J'ai donc été bouleversé par la lecture de ce livre ! Le « connaisseur » très involontaire que je suis de cette extraordinaire situation ne peut qu'être admiratif devant la grandeur d'âme et la force de caractère qui ont permis à Edith et à Luca de survivre à cet enfer, de s'en évader et de retomber sur leurs pattes comme des chats aux neuf vies.

J'ai été rivé aux descriptions des péripéties quotidiennes, aux façons créatrices d'affirmer sa personnalité, de reprendre petit à petit la maîtrise de son destin (j'insiste) et de vivre malgré l'incertitude et les menaces omniprésentes.

J'ai découvert à la lecture de ce livre qu'il n'y a pas de limites au courage de certaines personnes, pas de limites à leur amour de la Vie, pas de limites à leurs talents, ni à leur résilience, ni à leur détermination.

Je suis particulièrement fier d'Edith : elle aura eu une influence importante sur ses geôliers par l'exemple de courage qu'elle leur aura montré. L'épisode de la sculpture qu'elle a façonnée dans la terre est très évocateur à ce sujet. Edith aura ainsi ébranlé ses gardiens dans leurs croyances. Ces croyances dogmatiques qui leur interdisent de représenter plastiquement qui que ce soit !

Par ailleurs, les poèmes d'Edith ont une très grande valeur, car ils ont été composés dans la plus grande douleur et dans l'émotion la plus dénudée. Que de talents, alliés à l'instinct de survie physique et intellectuelle, ont été nécessaires pour engendrer ces merveilleuses strophes !

Edith sait-elle qu'elle portait dans son propre prénom les indices de son courage et de l'issue de cette saga? L'étymologie nous apprend en effet que «Edith» vient des mots germaniques «richesse» et «combat». Elle l'apprendra peut-être à la lecture de ces quelques mots, mais elle s'en doutait certainement après avoir survécu à ces mésaventures.

Edith et moi sommes tous les deux engagés, chacun de son côté, dans des activités de reforestation pour sauver la planète. C'était d'ailleurs pour participer à un projet de cette nature qu'elle et Luca se dirigeaient vers le Togo lorsqu'ils ont été enlevés au Burkina Faso.

Peut-être notre chance d'avoir survécu donnera-t-elle un sens particulier, mais convergent, au reste de notre vie!

LOUIS GUAY

Al-Qaïda au cœur de l'Afrique de l'Ouest

LE DJIHAD ARMÉ et les dynamiques du terrorisme en Afrique ne sont pas simples à comprendre. Ils mettent en jeu une multiplicité et une variété d'acteurs, de logiques et de stratégies. Tout au long de son récit, Edith mentionne plusieurs termes qui ne résonnent sans doute pas pour de nombreux lecteurs. Groupe de soutien à l'islam et aux musulmans (GSIM). Djihad. Djihadistes. Moudjahidin. Peuls. Touaregs. Arabes du désert. Iyad Ag Ghali. Amadou Koufa. Qui sont ces individus et ces groupes ? Que veulent-ils exactement ? Et, surtout, pourquoi ont-ils capturé Edith et Luca ?

Au cours des 15 mois qu'aura duré la captivité d'Edith, François et moi avons été amenés à commenter l'affaire dans les médias, en raison de nos champs d'expertise respectifs. Nous avons aussi eu le privilège de jouer un rôle-conseil auprès de la famille d'Edith, rôle qui s'est vite transformé en une sincère amitié en ce qui me concerne, puisque j'étais en contact avec la famille en permanence. C'est à ce double titre qu'on nous a demandé d'écrire quelques lignes (et j'insiste sur cette contrainte!) afin d'éclairer certaines notions pour le lecteur curieux et intéressé d'approfondir sa compréhension du récit captivant d'Edith.

Le djihadisme en Afrique de l'Ouest

Edith a été enlevée au Burkina Faso, puis emmenée et détenue en captivité au Mali. Depuis plusieurs années, l'Afrique de l'Ouest est en proie à une insécurité croissante. Cette dernière s'explique notamment par la présence de groupes armés non étatiques et du banditisme (les «coupeurs de route»), mais aussi par l'essor de groupes terroristes djihadistes qui se sont développés depuis la fin de la guerre civile algérienne et les conflits en Lybie, en Syrie et en Irak. On qualifie ces groupes de «djihadistes», car leurs combattants (les *moudjahidin*) défendent notamment le djihad armé, c'est-à-dire l'idéologie politico-religieuse islamiste qui prône l'utilisation de la violence pour instaurer un État islamique et des lois islamiques (*charia*). En l'absence de réelle gouvernance étatique, de sécurité, d'équité sociale et de perspectives économiques, ces groupes recrutent ou enrôlent de force de nombreux jeunes au sein des différentes communautés de la région.

Les groupes djihadistes sont nombreux et de taille très variable. Ils évoluent rapidement, se forment et se désagrègent, changent de nom et d'affiliation. Ils peuvent avoir des approches différentes selon leurs revendications particulières, leurs sources de revenus, leur zone d'action, leur appartenance ethnique ou identitaire et leur enracinement local. Ils profitent des contextes sociopolitiques et culturels locaux pour avancer leurs pions et mener leurs actions. Ils peuvent ainsi nouer des alliances temporaires ou durables avec d'autres groupes djihadistes, d'autres groupes armés ou différentes communautés locales. Edith et Luca ont ainsi été capturés par des membres de l'organisation Ansarul Islam pour être ensuite transférés au GSIM. Il arrive aussi, à certains moments, que des groupes djihadistes se battent entre eux. C'est par exemple le cas de certains groupes alliés au GSIM et affiliés à Al-Qaïda, qui ont eu des affrontements violents avec l'État islamique au Grand Sahara, affilié à Daesh.

Le Groupe de soutien à l'islam et aux musulmans

Commandé par le Touareg malien Iyad Ag Ghali, le GSIM est né en 2017 du regroupement de plusieurs organisations. Parmi les plus connues, Al-Qaïda au Maghreb islamique (AQMI) a fait du kidnapping une source importante de revenus, ayant amassé près de 125 millions de dollars selon une enquête du *New York Times* publiée en 2014. C'est d'ailleurs AQMI qui avait pris en otage les diplomates canadiens Robert Fowler et Louis Guay en 2008 dans la région. Un autre groupe affilié au GSIM est la katiba Macina, dirigée par le chef peul et émir Amadou Koufa. Plusieurs combattants qui surveillaient Edith ont affirmé que ce dernier était leur chef.

À l'origine, ces personnes et ces groupes ne défendaient pas nécessairement tous le djihad armé. Avant de devenir djihadiste, Iyad Ag Ghali était une figure des anciennes rébellions touarègues des années 1990 au Mali. Ces rébellions traduisaient le mécontentement d'une partie des populations nomades du Nord qui ne se sont jamais réellement reconnues dans les tentatives d'intégration avec le Sud du pays et font valoir depuis longtemps des revendications politiques autonomistes et indépendantistes. De son côté, Amadou Koufa était d'abord un prêcheur issu de la communauté peule, peuple traditionnellement pasteur (berger) établi dans toute l'Afrique de l'Ouest, qui dénonçait les hiérarchies sociales en place et l'absence de perspectives pour la jeunesse africaine. Il s'agissait donc d'acteurs politiques connus, impliqués de longue date dans la région, qui conservaient des liens avec différentes autorités (politiques, militaires, religieuses, communautaires) du pays. Ils n'en ont pas moins embrassé, par opportunisme ou conviction, le djihadisme, et ils affrontent, à différents degrés, les gouvernements et les forces armées locales. Ils font aussi face à la Mission multidimensionnelle intégrée des Nations Unies pour la stabilisation au Mali (MINUSMA) et aux puissances étrangères, notamment la France et son opération militaire Barkhane, dont les drones, si craints des djihadistes, survolent le désert.

Les motivations derrière une prise d'otage

Les motivations derrière les prises d'otages sont nombreuses et s'entremêlent souvent. Il est important de souligner qu'en Afrique de l'Ouest comme ailleurs, l'écrasante majorité des otages sont des victimes locales. Si les ressortissants occidentaux sont beaucoup plus rares, leur valeur est toutefois importante aux yeux de ces groupes djihadistes. Un otage peut bien entendu servir de source de revenus, si son pays d'origine ou d'autres acteurs acceptent de verser une rançon pour sa libération. Une pratique contraire aux conventions internationales sur le financement du terrorisme, que les gouvernements rejettent officiellement, mais qui demeure courante. Il arrive aussi que l'otage soit utilisé comme monnaie d'échange, par exemple pour la libération de prisonniers djihadistes, ou qu'il soit libéré en contrepartie d'autres concessions dans le cadre de négociations plus globales. Il s'avère, enfin, un moyen de chantage ou de propagande à des fins de revendications politiques, notamment lorsque l'otage est menacé ou exécuté. En d'autres termes, les otages constituent un bien précieux pour ces groupes qui mobilisent des ressources humaines conséquentes pour les garder captifs. On comprend, dès lors, pourquoi les captivités et les tractations durent parfois des mois, voire des années.

Pour les otages, les issues sont moins nombreuses et se résument à quelques options. Être relâchés sans contrepartie, ce qui n'est pas coutume concernant les Occidentaux. Être libérés à la suite de négociations, comme l'ont été Fowler et Guay en 2008. Faire l'objet d'une extraction dans le cadre d'une opération militaire ou policière qui peut mal tourner. Réussir à s'évader, ce qui est rarissime. Ou... mourir, comme ce fut tristement le cas de Kirk Woodman, un géologue canadien kidnappé et tué au Burkina Faso quelques jours après l'enlèvement d'Edith et de Luca. À l'image du titre de ce livre, le temps qui passe joue rarement en faveur des otages. Leurs conditions de détention sont éprouvantes, leur santé se détériore à mesure que les semaines s'égrènent, et leur vie ne tient finalement souvent qu'à un fil.

Dites-vous qu'à ce stade, vous en savez déjà plus qu'Edith, sa famille et nous-mêmes au moment de son enlèvement. Le magnifique récit d'Edith est d'ailleurs empreint de solitude et de silences. Le silence des hommes qui la détiennent, mais aussi celui qui entoure plus généralement un enlèvement de ce genre. Dans ce contexte, on comprend aisément l'épreuve terrible que cela représente aussi pour la famille et les proches de l'otage, qui sont souvent les grands oubliés de ces situations. De notre côté, appuyer la famille dans le développement de sa stratégie (nos réseaux au Canada et à l'international ont été fortement mis à contribution!) a constitué une expérience professionnelle et humaine hors du commun. Avec le bonheur intense d'avoir finalement rencontré Edith, libre. Le reste de cette histoire hors de l'ordinaire lui appartient...

DAVID MORIN
Professeur titulaire à l'École de politique appliquée de l'Université de Sherbrooke et cotitulaire de la Chaire UNESCO en prévention de la radicalisation et de l'extrémisme violents (UNESCO-PREV)

Et

FRANÇOIS AUDET
Professeur agrégé à l'École des sciences de la gestion de l'Université du Québec à Montréal et directeur de l'Observatoire canadien sur les crises et l'action humanitaires (OCCAH)

Je suis moi

J'ai marché, marché pour trouver ma trace,
Dans les bois, dans les brumes qui se dessinaient en face,
Sous les énigmes célestes qui planaient sur les astres,
Dans les villes bétonnées qui ne tenaient pas en place...

J'ai avancé, avancé sans regarder en arrière,
Balancé mon corps dans les vagues de la mer,
Brûlé mes pieds sur les sables du désert,
J'ai marché, marché pour trouver ma terre...

Je me suis cherchée partout, suivant le vent dans les rues,
Le vent continuait entre les dunes perdues,
Il tournait en rond, changeant toujours de vue
Des pays tout au fond qui attendaient ma venue...

Les énigmes tombaient de l'univers savant,
Me dirigeaient sur un chemin parsemé de changements.
Je me suis trouvée partout en me cherchant,
Je suis ici, je suis là, je suis moi dans le vent.

24 juillet 2019   219e jour de captivité

Section I   EUROPE-TOGO

Chapitre 1

La croisée des chemins

JE SUIS PARTIE EN VOYAGE à l'âge de 29 ans. J'ai annoncé à ma famille et à mes amis : « Je pars pour l'été, je vais cueillir des cerises dans l'Okanagan et je reviendrai au Québec à l'automne. » Ils m'ont regardée d'un air suspicieux, doutant de mon retour automnal. Je ne pouvais pas leur en vouloir : je leur avais dit la même chose à l'âge de 18 ans et je n'étais rentrée qu'au bout d'un an et demi. Évidemment, je ressentais le besoin de les rassurer : « J'ai déjà acheté un billet de retour non remboursable pour le mois de septembre. »

J'ai donc mis les voiles pour l'été et j'ai rencontré des gens extraordinaires. Mes amis et ma famille me connaissaient sans doute mieux que je ne le croyais, puisque, l'automne venu, je ne suis pas rentrée. Le goût de l'aventure m'enivrait l'âme et je me soûlais de liberté ! Je ne voulais pas que ça s'arrête tout de suite, je n'étais pas encore rassasiée. J'avais envie de découvrir ce qui se passait ailleurs dans le monde, dans d'autres cultures. Qui aurais-je la chance de rencontrer ? Quels paysages uniques se dessineraient devant moi ? Où poserais-je les pieds ? Quelles réflexions changeraient l'idée que je me faisais du monde et de la vie ?

J'étais libre, j'avais le vent dans les cheveux, la tente sur le dos et le pouce en l'air. Je m'apprêtais à m'aventurer sur la mythique route 101 dont j'avais tant entendu parler, qui longe la côte pacifique des États-Unis vers la Californie.

À l'automne 2014, j'ai fait la connaissance d'un Togolais au nord de la Californie par l'intermédiaire d'une amie que nous avions en commun. Il caressait un projet de permaculture au Togo, fondé sur les principes de l'agroforesterie. Il voulait développer une ferme autosuffisante en aliments et en énergie renouvelable, et il rêvait de fonder un centre écologique et éducatif qui favoriserait l'échange de connaissances entre les voyageurs et les habitants de ce village situé dans la région de Kpalimé. De plus, il voulait reboiser une terre de 28 hectares avec des arbres fruitiers indigènes. Il estimait pouvoir amorcer son projet dans quelques années. Le moment venu, il accueillerait même les voyageurs qui auraient envie de lui donner un coup de main. Son idée n'était pas tombée dans l'oreille d'une sourde, et je m'imaginais déjà très bien travailler sur sa terre pleine de promesses. Je voulais l'aider et enfin découvrir la culture africaine qui m'attirait depuis que j'étais toute petite.

J'ai toujours cru qu'une existence simplifiée me ferait voir la vie d'un autre œil. De plus, j'aspirais à faire une pause dans cette existence trop matérialiste à mon goût. Je voulais partager des choses, me rapprocher de la terre, manger avec les mains, marcher pieds nus et me gorger des éléments. Vivre sans chaises, sans table, sans sofa, sans télé et sans lit, aucun toit, aucune porte, pas de douche. Quoique la douche me manquerait certainement...

Bien sûr, j'avais une vision un peu romantique de ce que je pourrais vivre, mais je suis ainsi faite : le rêve m'a toujours portée ; et la réalité me nourrit. De plus, je voulais passer du bon temps en compagnie de cet ami togolais, que j'estimais beaucoup, et participer activement à concrétiser son rêve. D'autant que je venais de suivre un cours d'horticulture, terminé au printemps 2014. Il me manquait de l'expérience, mais j'espérais apprendre encore et encore. Je traversais une période où je voulais me connecter à la terre, à la vie, à la planète et à tous ses secrets, ses mystères et ses beautés. Je voulais éveiller l'endurance et la débrouillardise qui sommeillaient en moi. Je voulais respirer la vie en m'éloignant de la pollution, du confort et des gens trop pressés.

Le cœur libre, j'ai quitté les amis avec qui j'étais venue en Californie et j'ai poursuivi ma route seule. Mexique, Guatemala, El Salvador, Honduras, Nicaragua, Costa Rica et Panama. Inutile de vous dire que j'ai vécu beaucoup d'aventures et rencontré des gens inoubliables. J'ai dansé avec des musiciens folkloriques incroyables. J'ai pratiqué l'acroyoga sur des plages mexicaines où l'on se réunissait au coucher du soleil. Je suis descendue au Guatemala avec deux Espagnols, un Suisse et un Japonais. Nous nous surnommions la *Gypsy Caravan*.

J'ai vu la nature exceptionnelle ; le monde se révélait majestueusement à mes yeux ébahis. J'ai dormi sur des plages, sous la lueur des astres, et me suis réveillée au matin avec la rosée qui s'agrippait à mon sac de couchage et à mon visage découvert. J'ai adoré ! Rêver au bruit des vagues qui viennent doucement se poser sur les sables, il n'y a rien de plus apaisant. J'ai aussi dormi dans des lieux un peu plus inusités, dans des vergers, sur des volcans, sous des camions, sur des bateaux, sous des ponts, etc.

Un soir, j'ai voulu dormir sur la plage à Santa Barbara. Ayant vu du coin de l'œil un véhicule de police, je me suis dissimulée sous un bateau. Malheureusement, lorsque la voiture a tourné dans ma direction, les phares m'ont éclairée, et les policiers m'ont repérée. Ils m'ont gentiment expliqué que je devais aller dormir avec les itinérants, dans la rue principale, sous un lampadaire. Là-bas, je serais plus en sécurité, et, surtout, je me conformerais à la loi. J'étais médusée ! Dormir avec les itinérants ? Quel lieu serait plus sûr que cette cachette sous le bateau ? Les policiers ont ajouté qu'ils m'expulseraient de nouveau de la plage si je revenais y dormir : c'était interdit. J'ai donc dû repartir avec mon sac à dos pour aller m'allonger sur le béton froid, essayant de me cacher dans mon sac de couchage pour que les sans-abri ne s'aperçoivent pas que j'étais une jeune femme seule. J'ai aussi compris pourquoi ces gens dorment sur des cartons... La nuit, le béton froid nous glace le corps ! Le carton sert d'isolant thermique. Je peux vous assurer que, cette nuit-là, je n'ai pas fermé l'œil. Inquiète, j'écoutais les conversations que mes nouveaux colocataires avaient avec les spectres qui les hantaient. J'aurais préféré le doux clapotis des vagues, mais les choses ne se passent pas toujours comme on le souhaite.

C'est ainsi que, pendant plusieurs années, j'ai continué à voyager. L'été, je revenais toujours travailler dans l'Ouest canadien. En juillet 2016, j'ai fait la rencontre de Luca dans les Rocheuses. Une autre de ces histoires qui changent le cours d'une vie...

J'avais besoin d'argent après avoir voyagé à l'étranger et je me suis retrouvée au printemps à Jasper, petite ville du centre-ouest de l'Alberta. J'ai trouvé du travail dans les cuisines d'un hôtel et dans un restaurant que j'aimais beaucoup, puisque le chef partageait mes valeurs et travaillait avec cœur. Il cuisinait des produits organiques du terroir et proposait des plats inspirants, inusités, et d'une grande beauté.

Alors que le printemps tirait à sa fin, j'ai démissionné de mes deux postes, annonçant que je partais pour la Colombie-Britannique. Je voulais aller cueillir des cerises dans la vallée de l'Okanagan. Mon premier employeur m'a souhaité bon voyage, mais le second, le chef-artiste, m'a demandé de rester. Il m'a prise de court : je l'aimais bien et je ne voulais pas le laisser dans l'embarras. J'allais y réfléchir, lui ai-je répondu, puisque je venais de perdre la chambre que j'occupais dans l'appartement que le premier employeur nous fournissait avec le travail.

J'étais tombée amoureuse de Jasper et de la nature sauvage des alentours ; je n'ai donc pas réfléchi longtemps avant d'accepter la proposition du chef. C'est le genre de ville où il n'y a qu'un seul feu de circulation, où l'on croise sans cesse des wapitis qui se baladent dans les rues, comme si les animaux et les humains cohabitaient en harmonie. L'âme de Jasper est authentique, et la région abonde en rivières cristallines, en lacs aux eaux turquoise et en montagnes qui touchent le ciel. L'air était bon, frais et pur. Après le boulot, je n'avais qu'à marcher cinq minutes pour me retrouver au cœur d'une nature remarquable.

Quelques jours plus tard, une dame très gentille m'a offert un espace sur son terrain pour que je puisse y planter ma tente en attendant de trouver où me loger. En échange, je lui ai proposé de l'aider dans ses travaux. Tout problème a sa solution, mais parfois il faut se servir de son imagination !

Le lendemain, je suis tombée sur l'annonce d'un petit café bio qui avait besoin d'une barista. Comme l'établissement offrait aussi l'hébergement, c'était parfait !

Mon histoire prenait tranquillement forme...

Vous savez, lorsque vous croisez quelqu'un qui va marquer votre vie, on dirait que la rencontre est électrifiée, comme habitée d'une présence particulière qui illumine l'instant du premier échange. C'est ce qui m'est arrivé le jour où j'ai rencontré Luca, un beau jeune homme à l'accent exotique et franchement mignon, debout derrière le bar du petit café bio. Le souvenir de cette rencontre restera gravé dans ma mémoire à jamais.

Nous avons travaillé ensemble dans ce café et étions également des voisins : j'habitais le 108 et lui, le 110. Chacun allait cogner constamment à la porte de l'autre. Et c'est ainsi qu'un lien d'amitié unique et très fort s'est tissé entre nous.

La ville de Jasper n'est pas très étendue, on la traverse à pied en trois quarts d'heure. Quand nous devions aller quelque part ensemble, je disais toujours à Luca que je préférais marcher, tandis que lui aimait mieux le vélo. Bien entendu, je finissais toujours par me laisser convaincre : je le trouvais trop mignon. Alors, je m'assoyais sur le guidon de sa bicyclette, et Luca me promenait dans Jasper. Avec le temps, nous sommes devenus de véritables experts en ce jeu d'équilibre. Je me souviens d'un soir où nous roulions dans l'obscurité, sous des aurores boréales. Elles étaient magnifiques, elles valsaient, ondulaient au-dessus de nous et de la petite bicyclette qui nous transportait jusqu'à la maison.

Luca et moi avons vu des aurores boréales à une autre occasion. Nous avions demandé à notre employeur, lequel entre-temps était devenu notre grand ami, de nous prêter sa voiture. Luca devait aller prendre l'avion à Edmonton pour rentrer chez lui en Italie, tandis que je travaillerais encore quelques mois à Jasper. Avant le départ, notre patron nous avait prévenus que, à deux reprises, la pédale d'accélérateur était restée coincée, et qu'une odeur d'essence se répandait dans l'auto quand elle roulait. Si, par malchance, la pédale restait coincée, il fallait tout simplement se mettre « au neutre », c'est-à-dire au point mort. Et si l'odeur d'essence nous incommodait, nous n'avions qu'à baisser les vitres, même si c'était encore l'hiver. De plus, notre ami avait ajouté que sa voiture faisait un vacarme infernal, qu'elle criait comme un monstre. Je trouvais ces remarques plutôt alarmantes, mais Luca ne s'inquiétait pas :

— Allez, Edith, ça va bien aller ! La pédale ne devrait pas se bloquer. Et si jamais ça se produisait, tu saurais quoi faire.

— Luca, je ne veux pas que nous conduisions cette voiture, elle risque de mourir entre nos mains. Je ne suis même pas certaine qu'elle soit autorisée à rouler.

La nuit venue, nous sommes partis pour Edmonton, à quatre heures de route de Jasper, Luca au volant de l'auto infernale, et moi, côté passager, respirant l'air froid du dehors par l'interstice de la vitre à peine ouverte. J'ai affectueusement baptisé cette voiture Red Dragon.

Cette nuit-là, le ciel albertain s'est illuminé pour Luca, lui faisant ses adieux. Des aurores boréales aux couleurs vives ondulaient au-dessus de Red Dragon, et la scène était si époustouflante que nous nous sommes arrêtés plusieurs fois au bord de la route pour mieux observer la beauté de ces rubans colorés qui sinuaient au firmament. Les aurores boréales nous ont émerveillés pendant tout le trajet. La vie nous a offert un spectacle exceptionnel.

Nous nous sommes quittés à l'aéroport, tôt le matin, mais ce n'était pas la dernière fois que je voyais Luca ni la dernière fois que nous nous séparions. Notre relation était simple et complexe à la fois, parfois romantique et parfois platonique. Quand nous étions séparés par un continent ou par un océan, nous étions de bons amis, mais quand nous nous retrouvions, la romance reprenait vie, généralement là où nous l'avions laissée. En certaines occasions, la vie suivait son cours, et le beau Luca déclarait sa flamme à une autre fille. Comme la première fois que je l'ai rejoint en Italie. Alors, nous sommes restés tout simplement de bons amis, comme nous l'avions toujours été.

Luca et moi avions fait plusieurs voyages ensemble avant d'entreprendre notre traversée de l'Afrique. En 2016, nous avions rendu visite à son cousin qui habitait sur l'île de Vancouver. En 2017, Luca m'avait présentée à sa famille, en Italie. Nous avions aussi voyagé en Californie, en 2016 et en 2017, où il avait rencontré le Togolais. En 2017, notre ami était enfin prêt à entreprendre son grand projet, et Luca et moi voulions être de la partie. Ils avaient tous deux discuté de la possibilité de faire le voyage Italie-Togo en voiture. Quelle excellente idée ! Et quelle aventure incroyable ! Un peu périlleuse, peut-être…, mais nous serions prudents.

Mon oncle a vécu en Afrique plusieurs années, il travaillait dans l'aide au développement avec sa femme, et je savais qu'il nous donnerait des conseils judicieux. De plus, notre ami togolais connaissait bien ces contrées. J'étais confiante et enthousiaste.

Mon ange gardien, lui, était complètement épuisé.

Petite nomade

Toi, ma petite nomade,
Tu portes mon nom, mon visage, mes projets...
Tu avances sous la pluie froide,
Dans la rue qui porte mes reflets...

Tu avances nuit et jour,
Découvrant dans mes rêves de nouveaux parcours.
Tu aimes la vie, tu aimes l'amour,
Tu traverses le monde en essayant tous les détours...

Toi, ma petite nomade,
Le vent te poursuit en balade,
Te transportant dans tous ses secrets...
Tu lui donnes l'accolade,
Passant tous tes doigts dans une brise qui traînait...

Tu trouves l'interdit, l'invitant en séjour.
Redessinant la vie qui suit ton parcours,
Tu découvres des pays, tu danses tout autour,
Tu crois que ton esprit n'a pas de contours...

Toi, ma petite nomade, tu es désormais intraçable.
J'ai quitté tes empreintes qui s'égaraient...
Tu t'es désorientée dans les sables,
Tu as perdu mon nom en oubliant mes traits...

12 septembre 2019
269e jour de captivité

Chapitre 2

L'itiné raire

LE VOYAGE VERS L'AFRIQUE était sur le point de commencer. Nous étions le 19 novembre 2018 et nous nous apprêtions à fêter le 30e anniversaire de naissance de Luca et de sa sœur jumelle dans la maison familiale, dans le nord de l'Italie. Cette fête serait mémorable ! Nous partirions le lendemain pour Gênes, où vivait la cousine de Luca.

Notre itinéraire était établi : d'abord, l'Italie ; ensuite, la France, où Luca rendrait visite à sa sœur cadette, à Toulouse ; puis l'Espagne, où nous avions des amis. Notre dernière destination européenne serait Tarifa, à la pointe sud de l'Espagne. De là, nous pourrions déjà voir le continent africain, plus précisément les côtes marocaines, puisque le détroit de Gibraltar ne mesure qu'une quinzaine de kilomètres à l'endroit le plus étroit. De Tarifa, nous prendrions le traversier (ou ferry) jusqu'à Tanger.

Notre ami togolais nous avait transmis les coordonnées d'un ami à lui, un Allemand qui faisait régulièrement la route entre l'Allemagne et le Ghana pour aller rejoindre sa femme ghanéenne et ses enfants. Maroc, Mauritanie, pointe sud du Mali, Burkina Faso et, finalement, Ghana. Son itinéraire nous inspirait confiance. La seule différence entre le sien et le nôtre, c'est que nous passerions du Burkina Faso au Togo, sans aller au Ghana, car l'entrée en voiture dans ce pays était très contrôlée, et les autorisations de circuler coûtaient particulièrement cher. J'avais aussi en main toutes les informations que mon oncle avait eu la gentillesse de me transmettre. Ayant l'habitude de l'Afrique et des voyages, il m'avait conseillé à peu près le même itinéraire, à quelques différences près. Côté matériel, notre voiture contenait, entre autres, un système de géolocalisation installé spécialement pour notre voyage, trois roues de secours, un bidon d'essence, de l'eau à profusion, et tout le nécessaire pour réparer les pannes. Nous étions prêts! Enfin, nous l'espérions...

Nous avons suivi notre itinéraire européen sans embûches et avec beaucoup de joie. Dans les Pyrénées, Luca m'a montré des lieux qu'il avait vus, à vélo, quelques années auparavant, avec un de ses amis. Partis en train de Padou, ils avaient descendu à Gênes où ils s'étaient lancés dans leurs aventures cyclistes. Ils avaient traversé Nice, Montpellier, Toulouse, les Pyrénées, Saragosse, Barcelone, Valence, Grenade, Cordoue et Séville. Luca ne craignait pas l'aventure et n'avait pas froid aux yeux. J'étais très heureuse de faire ce voyage en sa compagnie.

Un jour, nous sommes arrivés en Andalousie. La chaleur et la liesse des festivités se faufilaient dans les ruelles labyrinthiques de ses vieilles villes blanches. Je recommande les rues andalouses aux romantiques et aux rêveurs. En nous y baladant, nous avons croisé des gitans, assis sur des murets, qui grattaient leurs guitares, des couples d'amoureux, et des artisans installés devant leurs étalages fascinants. Le soleil se reflétait avec intensité dans chaque vitrine.

C'est en traversant cette région que j'ai rencontré une femme-scorpion... La nuit tombait doucement pendant que nous prenions un verre sur une petite terrasse. Notre conversation a soudainement été interrompue par des bruits de castagnettes, des claquements de mains et des déchirements vocaux. Au loin, un petit attroupement entourait une danseuse de flamenco et ses musiciens. Intriguée, je me suis approchée et suis montée sur un tabouret. Luca m'aidait à me tenir en équilibre. Et c'est là que j'ai vu la femme-scorpion! Elle frappait le sol des pieds, tapait des mains et bougeait comme si elle s'apprêtait à attaquer une proie. Pour qui dansait-elle ? Tant de force émanait de cette femme !

J'étais émue, debout sur mon tabouret, dressée sur la pointe des orteils pour ne rien manquer de cette scène grandiose. J'étais littéralement ensorcelée par la danse de cette femme. Et dire que j'allais bientôt quitter cet univers pour un autre qui lui serait complètement contraire ! Un endroit où ma condition de femme exigerait soumission et obéissance. J'allais devoir m'adapter, et ce, plus que je ne le croyais.

Le lendemain, sur le bateau, nous observions, impatients, le continent africain qui se rapprochait peu à peu. Le soleil semblait déjà différent tout là-haut. Nous nous souriions, heureux et excités. J'étais sur le point de réaliser mon rêve d'enfance : découvrir l'Afrique et son âme ancestrale ! À mon sens, les Africains étaient le yin du yang occidental, et cette différence m'attirait. J'aimais l'idée d'utiliser la nature dans son état brut pour subvenir à tous mes besoins, plutôt que de la « modifier ». Car, à mes yeux, la beauté de la nature était parfaite et encore plus belle que les choses inventées par l'homme. Comment l'homme aurait-il pu inventer le soleil couchant, ou les fleurs qui se transforment en fruits sucrés ? La vie gardait ses plus beaux secrets bien cachés. Peut-être que les Africains ne pensaient pas comme moi, mais l'idée de retourner aux sources me ravissait et me faisait rêver.

Était-ce ce continent ancestral, où la vie humaine aurait débuté, qui m'attirait tant ? Quels secrets l'Afrique me dévoilerait-elle par l'intermédiaire de ses peuples ? Je m'imaginais déjà pieds nus, dansant sur les rythmes qui vibraient sous le sol. Emportée au travers des danses, énergisée par le son des tambours qui semblait venir tout droit des battements du cœur de la terre. J'imaginais le sol s'embrouiller sous le martèlement de plusieurs pieds en cadence.

Je voulais trouver l'authenticité de la vie. Je rêvais depuis si longtemps des couleurs et des saveurs africaines ! Tous mes sens étaient à l'affût.

La danseuse

La danseuse faisait voler ses voiles,
Créant des images qui se perdaient dans l'ombre.
Elle brillait sous les rassemblements d'étoiles,
Elle faisait tanguer la pénombre...

Elle ondulait ses voiles vers le ciel,
Attirant l'attention des lumières.
La danseuse valsait avec l'éternel
Qui se penchait sur elle en quittant l'Univers...

La musique bondissait sur ses doigts,
Claquait, vrillait dans les airs,
Se prenait dans ses voiles de soie,
S'enroulant jusqu'à tomber par terre...

La musique vibrait dans l'atmosphère,
Suivant le rythme de ses pieds enchaînés.
La danseuse faisait tourner les lumières,
En rêvant à la danse de sa liberté.

27 septembre 2019   284e jour de captivité

Chapitre 3

Le chaos

LES VOITURES SE CROISAIENT dans les rues de Casablanca avec une extrême imprudence. Enfin, c'est ainsi que l'interprétait mon regard ordonné de femme canadienne. C'était toutefois un chaos que j'avais déjà vu en Amérique latine. Un bordel organisé où les habitants naviguaient avec désinvolture et confiance. Comment font les gens pour se comprendre dans un tel désordre ? Personnellement, je n'aurais jamais osé conduire dans cette cohue. J'observais des femmes qui se frayaient un chemin dans ce trafic avec leur bébé incliné dans le dos. J'aurais voulu sortir de la voiture et replacer ces poupons dans une position occidentale et confortable, vous savez, la tête en haut et les pieds en bas. Mais ces enfants semblaient confiants, ils pendouillaient dans les bras de Morphée, sans rechigner, leurs mères se mouvant avec assurance.

Quand même, quelque part, ce bazar m'amusait un peu. Je riais et j'admirais mon ami italien qui se faufilait dans cette folie comme un saumon remontant des cascades. Pas un seul accrochage !

— Tu vois, m'a-t-il dit, tu critiquais ma façon de conduire en Italie, tu me traitais de fou, mais maintenant tu trouves ça pratique que je sache circuler dans ce bordel.

Il était d'un calme olympien, contournant sans hic les voitures qui fonçaient sur nous comme des tas de ferraille enragés. Notre auto roulait, passait dans tous les recoins, se baladant au milieu du tumulte des klaxons, dans cette cacophonie qui nous assaillait les oreilles. Vraiment, il maîtrisait la situation.

Nous venions d'arriver au Maroc, et Luca nous conduirait au Togo sans perdre une goutte de sueur. Parfait! J'avais bien choisi mon compagnon de voyage. Par contre, il serait l'unique pilote, et moi, sa copilote, parce que je n'avais pas ses habiletés. De plus, mon sens de l'orientation avait toujours laissé à désirer. Mais j'avais d'autres qualités, lui rappelais-je avec un grand sourire.

**

Les routes et les paysages défilaient sous le soleil africain qui irradiait et se reflétait sur le bleu acier de l'auto. Les lumières la peignaient en beauté pendant que nous roulions à travers cet immense continent où miroitaient mille et un masques.

Après avoir parcouru près de 1500 kilomètres au Maroc, notre petite voiture, toujours pilotée par mon ami italien, était devenue experte dans l'art d'éviter et de contourner les obstacles. Nous formions un trio inséparable. Nous parcourions les dernières portions de bitume encore intactes. Notre auto progressait parmi les ânes, les voitures de luxe et un nombre incalculable de véhicules en voie de décomposition. Et plus nous nous approchions de la Mauritanie, plus la tension devenait palpable.

À un moment donné, nous avons pénétré sur une terre qui n'appartenait qu'à elle-même, où aucune loi ne s'appliquait. Nous étions à la fois quelque part et nulle part. Nous sillonnions la bande de sable de quatre kilomètres séparant le Maroc de la Mauritanie. Un terrain poussiéreux où il reste quelques mines enfouies et où nous croisions des centaines de carcasses de voitures dépouillées qui n'avaient pas survécu à l'épreuve du no man's land.

Quel drôle d'endroit! Pas de gouvernement, pas de routes et pas de règles. Nous roulions lentement; loin devant, une autre auto suivait les traces des véhicules précédents. Si elle ne s'enlisait pas dans le sable, alors nous pourrions passer. Si elle n'explosait pas sur une mine, alors nous n'avions rien à craindre. Elle testait le terrain pour nous. Nous n'étions bien sûr pas les premiers à traverser cette bande hostile : tous les voyageurs transfrontaliers doivent passer par cette unique piste. Somme toute, les risques étaient calculés. Mais ce paysage aride, digne d'un scénario post-apocalyptique, n'en était pas moins impressionnant.

Nous avions bien sûr entendu parler de ce fameux no man's land, zone de trafics en tous genres. On nous avait parlé de ce territoire comme d'une légende qui se raconte autour d'un feu à la tombée de la nuit, dans les soubresauts des flammes qui engendrent des ombres angoissantes. Une légende qui donne des frissons et qui s'embrume d'incompréhension. Nous n'avions pas de mal à comprendre pourquoi.

La voiture qui nous précédait semblait avoir franchi tous les obstacles, triomphante. À notre tour, maintenant... Un peu plus loin, les premiers commerçants mauritaniens ont accouru vers nous, annonçant la fin du no man's land. Alors, le paysage fantomatique a cédé sa place à un chaos humain étourdissant. Notre peau blanche signalait qu'il y avait peut-être de l'argent à gagner, et des hommes en vêtements traditionnels, avec leurs produits à vendre ou à la recherche de devises étrangères, poursuivaient notre voiture, cherchant à faire des affaires avec nous.

Monde condamné

Le ciel craquait sous l'Univers étoilé,
Fissurant lentement tous ses azurs.
Des gouttes de pluie s'en étaient écoulées,
Chutant dans un monde insécure...

Le ciel de travers s'était tout emmêlé,
Plus rien ne se comportait comme avant.
Ce matin, j'observais le monde s'écrouler,
S'enroulant dans ses nuages, en tempêtant...

Le désert qui m'avait longtemps abritée
S'est tourné à l'envers dans ses sables,
Créant les figures d'un peuple apeuré
Qui voulaient s'enfuir sans en être capables...

L'Univers s'écroulait devant moi,
Me figeant dans ses lumières fracassées.
Les étoiles éclataient, filant vers le bas,
Explosions d'étincelles sur une terre désertée...

Le vent se prenait dans le paysage,
Cherchant, terrifié, la sortie.
Il créait un bordel, étant devenu sauvage,
Il sifflait, tirait sur tous mes habits...

Je voulais attraper les étoiles tombantes,
Essayant, haletante, de les rescaper,
Mais le sol s'égrenait dans une chute incessante,
M'aspirant dans le temps qui s'était écoulé.

3 juillet 2019   198e jour de captivité

Chapitre 4

Le Français

LA VITRE DU CÔTÉ PASSAGER encadrait le soleil comme s'il s'agissait de la plus belle des œuvres d'art. Vu sous cet angle, l'astre paraissait encore plus rouge et plus majestueux. J'admirais sa lente descente vers l'horizon; on aurait dit qu'il s'enroulait dans les couleurs vibrantes et puissantes du jour à son déclin. Les rouges irradiaient à l'intérieur de son immense sphère et me donnaient l'impression qu'il grossissait sans cesse, m'hypnotisant. Ses rayons s'étiraient jusqu'au bout des sables comme de longues flèches qui transperçaient triomphalement notre corps par leur chaleur en voulant rejoindre l'horizon. Ses couleurs enflammées s'agrippaient délicatement à trois petits nuages qui, juste au bon moment, traversaient le ciel. Nous approchions très lentement de la frontière, les routes défoncées nous avaient un peu retardés, mais nous avions bon espoir d'arriver au bout de la Mauritanie avec le soleil couchant.

À la frontière, la pénombre s'étendait déjà, nous encerclant, rôdant autour de la voiture que nous venions de garer, le temps de remplir tous les formulaires nécessaires à la poursuite de notre périple. Nous n'étions pas encore très doués pour calculer le temps africain. Sur ce continent, son cours est différent; il est beaucoup plus long, plus étiré.

Ainsi, nous n'avions pas conscience du temps requis pour remplir les papiers d'assurance de la voiture. Un homme dans la mi-trentaine tenait maladroitement une lampe de poche entre le menton et l'épaule pour éclairer sa dactylo. Il avait du mal à diriger sur les touches le faisceau lumineux faible et vacillant. Tout à coup, il a tapé trois ou quatre lettres de suite. Enfin, ça semblait avancer un peu !

Au loin, une télé, qui devait être branchée sur une batterie (puisque, sur cette frontière, il n'y avait pas d'électricité), diffusait un match de football. Cinq ou six individus étaient assis par terre, le visage à peine éclairé par l'écran. Luca s'est levé de sa chaise pour se dégourdir les jambes pendant que l'homme des assurances poursuivait sa laborieuse tâche. Intrigué, Luca s'est avancé vers la télé pour regarder le match. L'Italie jouait, quelle chance ! De mon côté, je continuais à envoyer de l'énergie positive vers mon vis-à-vis. Je l'encourageais en secret et lui souhaitais d'achever sa besogne avant la nuit.

— Et puis, comment ça va ? m'a demandé Luca qui venait aux nouvelles.

— Il n'a pas encore fini, lui ai-je répondu, un peu découragée.

Une fois les papiers enfin remplis, on nous a annoncé que la frontière était fermée pour la nuit et que, par conséquent, nous ne pouvions donc pas entrer tout de suite au Mali. Nous avons trouvé un petit coin, un peu à l'écart, où nous avons monté la tente. Un jeune Africain s'est alors approché de nous et nous a dit :

— Venez vous joindre à nous si vous voulez manger ou boire quelque chose. Nous sommes là-bas, autour du feu !

C'est là que nous allions faire la connaissance d'un Français, un homme très intéressant qui, depuis sa jeunesse, avait vécu de nombreuses aventures africaines. Il habitait maintenant au Burkina Faso avec sa femme et il nous a invités à leur rendre visite si nous passions un jour par Bobo-Dioulasso. Il empruntait régulièrement cette route. Il nous a précisé que, si nous n'avions pas le temps d'atteindre une ville pour la nuit, nous pouvions nous arrêter dans n'importe quel village pour demander aux habitants la permission d'y planter notre tente. Il le faisait souvent, et les chefs de village semblaient apprécier les visites. Cet homme adorait la culture africaine et il nous assurait que les peuples africains étaient des plus chaleureux. Comme c'était lui l'expert, nous avons écouté ses récits et retenu ses conseils avec la plus grande attention.

Chapitre 5

Le village

LE SOLEIL ENTAMAIT de nouveau sa courbe descendante, et une fois de plus nous avancions trop lentement. Des trous gigantesques parsemaient aléatoirement les routes, ralentissant notre progression. Il y avait deux possibilités : ou bien prendre la piste, dans la brousse, qui longeait le chemin goudronné, ou bien faire du slalom sur la route, laquelle était un vrai carnaval d'ornières, et même, devrais-je dire, de précipices ! Sikasso était la prochaine ville sur notre chemin, mais nous n'y serions pas avant la nuit. J'observais la conduite appliquée et réfléchie de Luca, qui faisait des allers-retours entre la route et la brousse. La plupart du temps, la piste était en meilleur état que la route. Voyant le soleil décliner à l'horizon et me rappelant ce que le Français nous avait dit autour du feu, j'ai suggéré à Luca de trouver un endroit sûr où dormir.

— Veux-tu qu'on s'arrête dans un village ? m'a-t-il répondu d'un air concentré.

— Oui, j'aimerais bien ça !

Se tournant brièvement vers moi, Luca a acquiescé d'un sourire. C'était décidé, nous ferions halte pour la nuit dans un village. J'étais vraiment enthousiasmée par l'idée d'en apprendre un peu plus sur la culture locale.

— Regarde, m'a dit Luca en désignant une pancarte en bois qui portait le nom d'un village gravé à la main. C'est à huit kilomètres, c'est assez reculé dans les terres. Veux-tu quand même y aller?

Bien sûr que je voulais! J'étais, je l'avoue, un peu gênée de m'inviter ainsi dans un village, mais en même temps j'étais très intriguée. Et puis, à vrai dire, je n'avais pas envie de rouler de nuit jusqu'à Sikasso.

Luca a alors bifurqué pour prendre ce qui semblait être un chemin. En plissant les yeux, il essayait de faire abstraction du bruit des branches qui égratignaient la carrosserie de sa pauvre voiture. Le chemin devenait de plus en plus étroit à mesure que nous progressions dans la brousse en direction de ce village. Enfin, au bout de ces huit kilomètres qui nous ont paru une éternité, nous avons vu se profiler un joli petit hameau. Nous avons fait bonjour de la main aux premiers villageois que nous avons croisés, puis nous nous sommes arrêtés devant un attroupement.

— Bonjour! Serait-il possible de parler au chef du village? a demandé mon ami à un jeune adulte qui semblait intrigué par notre présence.

Aucune réponse. En fait, aucune réponse compréhensible, puisque les gens de ce village parlaient un dialecte qui nous était inconnu. Ça ne semblait pas être du bambara, la langue parlée par la plupart des Maliens.

— Est-ce que quelqu'un parle français, ici? a lancé Luca en descendant de voiture.

De mon côté, malgré ma gêne, j'envoyais des bonjours à la ronde et je saluais tout ce beau monde. Heureusement que Luca, lui, n'est pas timide, ai-je pensé. Il sera à la hauteur de la situation.

Luca me regardait, l'air interrogateur.

— Qu'est-ce qu'on fait? Je crois qu'ils s'en vont chercher le chef, m'a-t-il dit tout en désignant quelques villageois qui s'éloignaient.

— Attendons, ai-je répondu. Je crois qu'ils nous font signe de patienter.

Quelques minutes plus tard, le chef du village est venu nous accueillir.

— Parlez-vous français ? a demandé Luca.

Il nous a fait signe que non, tout en nous montrant quelque chose au loin.

— Je crois qu'il essaie de nous dire que quelqu'un d'autre s'en vient, ai-je dit.

J'avoue que j'éprouvais une certaine perplexité devant les gestes du chef et des autres hommes. Ce peuple parlait une langue inconnue, vivait différemment de nous et n'utilisait pas la même gestuelle. Enfin, au bout d'un certain temps, nous avons entendu au loin la voix de quelqu'un qui parlait une langue que nous connaissions parfaitement bien.

— Bonsoir ! Soyez les bienvenus dans notre village. Comment pouvons-nous vous aider ?

Cette voix appartenait à un jeune homme élancé.

— Je suis désolé d'avoir mis longtemps à arriver, j'étais dans le village voisin. Je suis le seul ici qui parle français.

Luca lui a dit que nous cherchions un endroit sûr où nous pourrions monter notre tente pour la nuit. Le jeune homme a expliqué la situation au chef qui, à ces mots, nous a fait un large sourire, des plus accueillants, et nous a indiqué le centre du village. La présence de l'interprète me soulageait. Quelle chance qu'un des villageois parle une langue que nous comprenions ! De plus, il avait l'air ravi de notre visite impromptue. Le Français avait raison : ces peuples étaient accueillants et chaleureux.

Les femmes se sont alors activées ; pendant que l'une faisait chauffer de l'eau pour que nous puissions nous doucher, d'autres se sont mises à cuisiner. Tandis que ces divers préparatifs allaient bon train, le chef nous a invités à nous asseoir avec lui devant sa hutte, autour du feu, en compagnie de son frère et de l'interprète.

La femme du chef est apparue un peu plus tard, portant un gros bol de millet accompagné d'une délicieuse sauce au gingembre. Elle n'a pas mangé avec nous ; elle est repartie auprès des autres femmes. Nous mangions tous avec les mains à même ce bol. Luca et moi, désireux de bien faire les choses, imitions les gestes du chef et des autres convives. Nous ne connaissions pas leurs coutumes et ne

voulions pas les offenser en commettant un impair. Nous savions que c'était un grand privilège de manger avec les dirigeants du village. Nous avons passé une très belle soirée ponctuée d'échanges intéressants et constructifs : nous avions de part et d'autre de nombreuses questions à nous poser.

À un moment donné, Luca a désigné quelques constellations au chef, qui a semblé très intéressé. De fait, il s'est levé et est allé chercher un stylo et un bout de papier afin d'y dessiner les étoiles de la constellation d'Orion.

Nous avons appris de l'interprète que, dans ce village, on parlait le sénoufo, un dialecte de la région de Sikasso. Nous avons bu le thé pendant que les discussions filaient jusque tard dans la soirée. Nous sommes finalement allés nous coucher, épuisés par cette longue journée. Notre tente était la bienvenue !

Le lendemain matin, le chef nous a invités à prendre le petit déjeuner avec lui avant que nous reprenions la route. Ces gens très pauvres étaient d'une générosité admirable, partageant avec nous le peu qu'ils avaient, affichant des sourires manifestement sincères.

En repensant au petit bout de papier sur lequel le chef avait dessiné les étoiles, j'ai voulu lui offrir un cadeau en signe de gratitude. J'avais dans la voiture un très joli cahier tout neuf et des crayons à bille de toutes les couleurs. Je les lui ai donnés, et il m'a remerciée avec grande joie. Tout le monde semblait ravi, et je me sentais heureuse. Quelle belle humanité il y avait chez ces gens ! Quelle belle rencontre !

Je remercie encore l'ami français de nous avoir suggéré de vivre cette expérience.

Chapitre 6

L'erreur

LUCA ET MOI avions pris un visa de transit au Burkina Faso. Nous aurions bien aimé avoir celui de court séjour, valide pendant 90 jours, malheureusement il coûtait trop cher. Nous disposions donc de trois jours, soit tout juste le temps de traverser le pays pour atteindre le Togo. Bien sûr, nous étions un peu déçus de ne pas pouvoir prolonger notre séjour dans ce pays, mais nous devions faire attention à ne pas trop dépenser.

Nous n'avions pas oublié la proposition du Français. À Bobo-Dioulasso, Luca lui a donc passé un coup de fil.

— Parfait, on arrive dans quelques minutes, l'ai-je entendu dire avant qu'il raccroche.

Nous avons passé une belle soirée en compagnie du Français et de sa femme. Nous avons beaucoup dansé et bien bu. Notre hôte nous a parlé ce soir-là d'un visa spécial, le visa commun des pays de l'Entente, valide dans cinq pays : Bénin, Burkina Faso, Togo, Côte d'Ivoire et Niger. D'un prix abordable, il nous permettrait peut-être de rester plus longtemps au Burkina Faso. Il fallait tenter le coup !

Le lendemain matin, nous avons remercié nos gentils hôtes et sommes partis pour la capitale, Ouagadougou. Nous espérions obtenir ce fameux visa de l'Entente à la Direction du contrôle des migrations. Malheureusement, l'homme que nous y avons rencontré était d'une mauvaise foi crasse.

— Vous n'avez qu'un visa de transit, alors transitez et sortez du pays !

Ce détour par Ouagadougou nous avait coûté du temps, et notre visa expirait le soir même. Vite, il fallait prendre une décision !

— Au lieu d'aller tout de suite au Togo, ai-je proposé, pourquoi n'irions-nous pas au Bénin ?

Je ne sais pas d'où m'était venue cette idée. Luca m'a regardée, perplexe.

— Tu veux aller au Bénin ?

— Je n'ai pas envie de m'arrêter tout de suite, je veux voir du pays. Mon oncle m'a dit que le Bénin vaut le détour.

— Bon, si c'est ce que tu veux, nous pouvons aller passer Noël sur une plage, au Bénin, et rejoindre notre ami togolais après les fêtes.

Luca semblait avoir un peu mal à la tête... Peut-être était-ce l'effet d'une soirée trop arrosée.

Habituellement, nous vérifiions bien la sécurité des frontières avant de nous y rendre ; nous restions méfiants et toujours sur nos gardes. Mais, pressés par le temps, puisque nous devions quitter le Burkina Faso quelques heures plus tard, nous n'avions pas pris le temps de nous arrêter pour essayer de trouver du wifi et de nous informer de l'état des frontières.

Grosse, grosse erreur ! C'était la mauvaise voie qui nous conduirait directement vers une grande mésaventure...

Au dernier *checkpoint* avant la frontière du Bénin, les deux gardes nous ont posé d'étranges questions, notamment si nous cachions des armes à feu dans le coffre de la voiture. Un des policiers riait, comme s'il s'agissait d'une blague. Luca a simplement répondu que non. Néanmoins, ils ont fouillé la voiture de fond en comble.

— C'est bon, vous pouvez y aller, nous ont-ils dit avant de nous saluer.

La route vers le Bénin était elle aussi très abîmée, elle ressemblait au chemin vers Sikasso. Nous avancions à pas de tortue en faisant une fois de plus du slalom pour éviter de déchirer les pneus dans les crevasses. Le soleil tombait encore, chutait vers l'horizon. Le temps s'écoulait, ralentissait...

Le piège approchait.

Section II LES DJIHADISTES

Jour 1 au jour 16 de captivité

Frissons

J'ai vu quelque chose se faufiler,
Quelqu'un se trouvait sur ma trajectoire,
Une ombre se cachait dans l'immensité,
Là-bas, tout au fond, je venais de l'apercevoir...

Je me sentais étrangement observée,
Des frissons me traversaient tout le corps.
Qui, là-bas, voulait m'inquiéter?
Qui traversait mon destin si tard le soir?

J'ai avancé un peu, je me suis arrêtée,
L'ombre voulait-elle me jeter un sort?
J'ai crié pour lui dire que je l'avais vue passer,
Qu'elle ne pouvait pas m'attendre dans le noir...

Le chemin devant moi se transformait,
Poussant des arbres tordus, torsadés,
Encombrant mon destin d'une drôle de forêt.
La terre craquelait, s'asséchant sous mes pieds...

J'entendais rire, quelque chose languissait.
Le brouillard imitait une femme emprisonnée.
J'ai crié, j'ai eu peur, l'avenir me troublait.
J'étais figée sur place, ne voulant plus avancer.

30 juillet 2019

225e jour de captivité

Chapitre 7

L'embus cade

LE 17 DÉCEMBRE 2018. On aurait dit qu'il y avait un je-ne-sais-quoi dans l'air qui essayait d'attirer notre attention, de nous avertir que quelque chose n'allait pas. Luca était étrangement agité, il avait de la peine à rester calme tant la tension était palpable et électrique. L'atmosphère se faisait lourde, imposante, inquiétante...

Nous roulions à peine à 20 km/h, pas plus. Nous traversions une zone qui appartient au parc national du W, dit «parc des éléphants». Un autre chemin délabré où il était difficile de manœuvrer l'auto. Le malaise s'aggravait à mesure que la pénombre descendait sur nous. La frontière du Bénin devait se trouver à encore au moins 50 kilomètres.

Soudain, nous avons aperçu un camion rangé au bord de la chaussée. Il y avait deux hommes à bord. Luca s'est arrêté pour leur demander si la route s'améliorait plus loin. L'un des hommes, sans descendre du camion, lui a répondu que, oui, nous la trouverions bientôt en meilleur état. Nous l'avons remercié et sommes repartis.

Environ cinq kilomètres plus loin, une scène se dessinait, se figeait, statique. La route s'est assombrie tout d'un coup, et mon sang s'est glacé. Six hommes enturbannés nous attendaient, armés de kalachnikovs. Cette vision occupait tout l'espace. Je me souviendrai toujours du regard que Luca et moi avons échangé à cet instant. Un regard d'une netteté alarmante qui voulait malheureusement tout dire. Un regard qui déchire les entrailles. Était-il possible que nous soyons arrivés au bout du voyage ? Au bout de notre vie ? Le mystère errait sur notre destin, se posant sur chaque kalachnikov, sur les hommes qui nous tenaient dans leur ligne de mire.

Quatre d'entre eux se sont jetés sur Luca, criant dans un bambara incompréhensible, pointant leurs fusils sur lui comme des fous qui n'avaient plus rien à perdre. Pour ma part, j'ai été un peu plus épargnée : les deux autres hommes m'ont ouvert la portière pour que je descende de voiture. Du canon de leur kalachnikov, ces forcenés me montraient la direction à prendre. Nos ravisseurs avaient moins peur de la femme, semblait-il... Ils nous ont fait reculer, jusqu'à ce que nous quittions la route pour nous enfoncer dans la forêt où ils nous ont fait signe de nous asseoir et de rester tranquilles.

Encore un coup d'œil vers Luca, un autre regard partagé dont je me souviendrai toujours. Un regard chargé d'incertitude : allions-nous survivre ? J'avais des sueurs froides et je me sentais étourdie par toutes les impressions inconcevables qui me traversaient l'esprit. J'avais peur, mais je devais rester maîtresse de moi-même ! Luca prenait mes mains dans les siennes pour me rassurer. Nous entendions les voix tendues de nos ravisseurs, un brouhaha de mots étranges qui n'avait aucun sens pour nous. Nous observions, écoutions, tentions de mesurer et de comprendre la situation.

Un jeune homme s'est alors approché et s'est adressé à nous en français :

— Nous vous attendions. On nous avait avertis qu'il y aurait un Italien et une Canadienne dans une voiture bleue. Vous en avez mis, du temps !

Il a ensuite ordonné à mon ami de monter sur une moto qui attendait un peu plus loin devant nous. Luca m'a serré les mains et a imploré l'homme :

— C'est ma femme, elle doit venir avec moi, je ne veux pas la laisser derrière ! Qu'allez-vous lui faire ?

Il a dit à nos ravisseurs que nous étions mariés parce qu'il avait peur qu'ils nous séparent si ce n'était pas le cas. Des règles très strictes régissent les relations entre les hommes et les femmes dans la religion musulmane, et Luca ne voulait pas courir le risque de me perdre.

Je le sentais crispé, il ne voulait pas me laisser seule aux mains des cinq autres hommes. Il a insisté :

— Elle doit venir avec moi sur la moto, c'est ma femme. Elle est ma femme !

Un peu à l'écart se tenait le « petit chef » de cette bande. Luca le surnommerait ainsi parce qu'il n'était que le jeune exécutant d'un chef bien plus important. Celui qui parlait français, que j'appellerai le « traducteur », lui traduisait les paroles de Luca. Le petit chef, d'un geste calme, a alors fait signe à sa troupe qu'il acceptait la demande de Luca. Nous sommes donc partis à trois sur la petite moto, nous enfonçant dans le parc du W pendant un certain temps qui nous a semblé une éternité.

Combien de kilomètres avons-nous parcourus ? Je n'en ai aucune idée, mais nous ne nous sommes arrêtés qu'à la nuit tombée. Un des jeunes hommes a déroulé une couverture sur le sol. Nous devions nous y asseoir en attendant que les autres réussissent à dissimuler notre auto à l'intérieur du parc du W. Il n'y avait pas de route dans cette forêt dense aux reliefs accidentés, et je ne voyais pas comment notre auto survivrait à ce traitement.

Évidemment, nous n'avons jamais su où ils l'avaient cachée ni ce qu'il lui est arrivé par la suite. Nous n'avons jamais revu notre compagne héroïque.

La mort

Elle s'habilla de sa longue robe éternelle,
Maquilla son visage de la couleur du ciel,
Enfila ses gants de racines entrelacées,
Décrocha sa faux de son mur enterré...

Elle cueillit des fleurs qui fanèrent entre ses mains,
Éclipsa la lune pour cacher ses chemins,
S'approcha des bêtes qui allaient mourir,
Caressa leurs corps juste avant de partir...

Elle regarda la vie qui passait, pas très loin,
L'observa continuer puis tourner le coin.
Elles se croisèrent chaque jour au même destin,
Se respectant dans leurs propres parcours divins...

Elle éteignait les lumières sur son passage,
Aspirait le temps qui donnait de l'âge.
Elle parlait aux âmes qui venaient d'éclore,
Leur contant les secrets au-delà des morts.

4 août 2019
230e jour de captivité

Chapitre 8

Les Peuls

TOUT EN FAISANT DES VA-ET-VIENT, le petit chef passait devant nous avec son téléphone collé à l'oreille ; il recevait les ordres relatifs à notre voyage. L'Italien et la Canadienne ayant été capturés, tout était maintenant en train de s'organiser. Le traducteur ne viendrait pas avec nous. Il nous a expliqué qu'au bout d'un voyage de trois jours, nous rencontrions leur chef. C'était là le premier des très nombreux mensonges qu'on nous raconterait. Il a aussi dit qu'ils étaient des djihadistes, des soldats qui combattent sur le chemin d'Allah, et que nous les aiderions dans leur mission. À ce moment-là, nous ne saisissions pas encore l'ampleur de ces paroles. Nous pensions avoir été enlevés par une bande de petits bandits qui voulaient nous voler le peu d'argent que nous avions dans notre compte en banque. Nous espérions seulement qu'ils n'essaieraient pas de rançonner nos familles.

Trois motos s'étaient alignées pendant que des membres du groupe nous faisaient un paquetage avec des choses prises dans notre voiture. De la nourriture trouvée dans le coffre, un chaudron, le brûleur et la tente. Luca essayait de leur expliquer que j'avais des verres de contact et un produit d'entretien dans la voiture, mais ils n'ont rien compris. Malheureusement, je n'avais pas de lunettes, ce qui nous aurait aidés à leur expliquer ce que nous voulions. De toute façon, à cet instant, c'était le moindre de mes soucis.

Ils nous ont fait enfiler des vêtements typiques dont le haut, ample, descendait jusqu'aux genoux. Quant aux pantalons de coton, ils devaient être de taille XXL, car nous devions les attacher à l'aide d'un long cordon. Mes vêtements étaient pourpres et ceux de Luca, bleu marine. Ils nous ont aussi donné un long turban, que nous devions enrouler autour de la tête et du visage, des lunettes de soleil, des gants et un épais manteau. Nous aurions certainement désespérément chaud sous cet attirail à 50 °C! Maintenant que plus un seul bout de notre peau blanche n'était visible, nous étions prêts à partir. Il fallait traverser le parc national du W pour rejoindre un premier campement de Peuls.

La route était ardue, et les trois motos s'embourbaient constamment dans les traces de pas des éléphants, des trous énormes. La terre était humide et molle, on s'enfonçait partout. Nos ravisseurs ne semblaient plus aussi professionnels. Nous nous sommes alors rendu compte que les turbans dissimulaient d'assez jeunes visages. Ces jeunes hommes étaient toutefois dirigés par une main solide et bien organisée.

Tout en parcourant le parc, nous avons eu droit à une scène saisissante. Le cycle de la vie et de la mort, dont les lois peuvent nous sembler cruelles, suivait tout simplement son cours. Un fauve pourchassait une gazelle qui le distançait de peu. La chasse était effarante, nous voyions les membres des deux bêtes s'étirer de façon héroïque et gracieuse, se mouvant et se brouillant dans leur hâte. Pendant que l'une courait pour sa survie, l'autre courait pour sa pitance. J'en avais l'estomac retourné, et dans mon cœur je souhaitais secrètement le triomphe de la gazelle. La victoire de la victime sur son bourreau !

À cet instant, j'éprouvais ce que devait ressentir la pauvre gazelle essoufflée, mais néanmoins énergisée par son désir de survivre. Heureusement, la vie n'a pas voulu me dévoiler le dénouement de ce drame, puisque la proie et le prédateur sont sortis de mon champ de vision. Je n'ai jamais su qui d'entre les deux avait vaincu.

La deuxième nuit tombait et nous n'avions pas eu le temps d'atteindre le premier campement. Un des djihadistes s'est arrêté et a tiré un coup de fusil en l'air : c'était un de leurs nombreux moyens de communication. Ils ont tendu l'oreille, à l'affût d'une réponse du campement. Luca et moi écoutions, nous aussi ; pas de réponse, seulement des bruits d'éléphants que nous ne pouvions malheureusement pas voir. Nous étions encore loin du campement ; nous devions nous arrêter jusqu'au matin.

Cette nuit-là, j'ai été réveillée en sursaut par des coups de feu au loin, une fusillade, des explosions de grenades ! Luca aussi a été tiré du sommeil par ces bruits. Je lui ai chuchoté qu'il s'agissait de bruits de guerre. Il a froncé les sourcils :

— Tu as raison. Si ça vient du campement, je suis bien content qu'on n'y soit pas.

En se soulevant un peu, il a ajouté :

— Écoute ! Les ravisseurs sont en train de prier.

J'ai tendu l'oreille et j'ai entendu leurs voix tremblantes qui trahissaient leur peur. Comme nous étions à l'intérieur de la tente, nous ne voyions pas ce qui se passait. Luca a jeté un coup d'œil dehors avant de revenir à mes côtés.

— Je ne vois rien, m'a-t-il dit en me caressant un peu le visage pour me rassurer.

Tout était hors de notre contrôle, nous étions à la merci de ces hommes. Une fusillade avait éclaté à faible distance, et nous ne pouvions rien y changer. Je me suis collée un peu plus contre Luca et j'ai même fini par me rendormir une fois les combats terminés.

Le lendemain matin, en sortant de la tente, Luca s'est dirigé vers le petit chef. À l'aide de signes, il a évoqué les bruits de la nuit et a essayé de lui faire comprendre que nous ne voulions plus avancer. Le petit chef a alors composé un numéro sur son téléphone et l'a tendu à Luca. Le traducteur a répondu. Il a expliqué calmement à Luca que ce n'était rien, que nous avions entendu l'armée du Mali, mais que c'était maintenant terminé. Nous devions continuer notre voyage.

Luca a raccroché et a redonné le téléphone au petit chef, puis il s'est tourné vers moi en me disant que, pour l'instant, il valait mieux suivre nos ravisseurs, mais que, à la première occasion, nous essaierions de nous échapper. J'ai acquiescé... J'étais d'accord avec lui.

Nous sommes arrivés au campement vers la fin de la matinée. On nous a offert de l'eau, pour nous doucher, et du riz à la viande de mouton. À cette époque, j'étais végétarienne depuis plus de cinq ans... Beaucoup de choses changeraient après quelques mois de captivité, la dénutrition me faisant réviser mes principes, mais, ce jour-là, je tenais encore à mon végétarisme.

Le petit chef a salué ses comparses qui se préparaient à retourner à leur camp. Nous ne le savions pas encore, mais l'épopée à moto avec les Peuls durerait une vingtaine de jours, et non trois, comme on nous l'avait dit. Nous changerions d'équipe à chaque nouveau campement, selon les zones ; le petit chef serait le seul qui resterait avec nous tout au long du voyage.

Après la première semaine de route, les choses avaient évolué et les motocyclettes étaient plus nombreuses ; les équipes semblaient se jumeler et ne nous quittaient plus. Tous ces hommes allaient rencontrer le grand chef, nous avait-on expliqué. À la fin du périple, notre caravane comporterait une quinzaine de motos, une trentaine d'hommes, et une femme : moi.

Puisque j'étais habillée et enturbannée comme un homme afin de passer inaperçue, les nouveaux venus me saluaient toujours. Il est de coutume pour les Peuls de se saluer entre hommes. Il y avait donc toujours un malaise quand ils se rendaient compte que j'étais une femme, puisqu'il est interdit pour ces musulmans fondamentalistes de poser les yeux sur la femme d'un autre. On a donc eu droit à de nombreux moments embarrassants pour eux... mais un peu plus humains pour moi. Ces rencontres me montraient qu'ils avaient des côtés vulnérables et que je pouvais même les déstabiliser.

Chapitre 9

Le troisième jour

NOUS AVIONS ENTAMÉ LE VOYAGE à moto depuis déjà trois jours, et Luca commençait à perdre patience.

— Ils nous mentent sans arrêt, ils disent toujours qu'on va rencontrer le chef, mais il est où, ce chef ?

Il n'aimait pas qu'on lui mente et il voulait comprendre la situation. Il allait investiguer là-dessus...

Heureusement pour nous, un des hommes du nouveau groupe qui nous avait pris en charge comprenait quelques mots de français. Luca s'est donc approché de lui pour lui lancer :

— J'en ai assez ! Vous dites toujours qu'on est sur le point d'arriver à destination, mais on n'arrive jamais nulle part ! Où nous emmenez-vous ?

Luca était tellement agité qu'il a même dit au gars :

— Regarde-moi quand je te parle !

— Je ne comprends pas, je ne comprends pas le français, bredouillait l'autre en regardant par terre. Il essayait d'éviter cette discussion qui semblait pourtant inévitable.

— Oui, tu comprends ! Vous vous croyez forts avec vos kalachnikovs, mais tu n'es même pas capable de me regarder dans les yeux. Je t'avertis, nous ne bougerons plus tant que vous ne nous aurez pas dit la vérité. Où nous emmenez-vous ? Vers qui nous conduisez-vous ?

Le petit chef observait la scène d'un œil intéressé. Il ne comprenait pas le français, mais il savait interpréter les gestes et les expressions de quelqu'un qui ne voulait plus les suivre. La grande qualité du petit chef était de toujours conserver son calme. Il a tendu le téléphone à Luca et, encore une fois, l'appareil a fait entendre la voix du traducteur. Lui et Luca ont discuté pendant un moment, mais ça ne semblait mener nulle part. Le traducteur lui disait de suivre le groupe tranquillement, que nous arriverions à destination plus tard dans la journée. Luca a finalement baissé les bras, et nous avons dû de nouveau enfourcher les motos.

Quelques heures plus tard, je commençais moi aussi à être à bout de nerfs. Je cherchais désespérément une échappatoire. J'étais sur la motocyclette de tête, en compagnie du guide. Luca, lui, voyageait avec le petit chef, au milieu du groupe. Et à l'arrière se tenaient les tireurs. Malheureusement pour moi, le guide avait la stature d'un homme-spaghetti. Aucune masse musculaire : une longue pâte trop cuite. Cela s'explique par le fait que l'activité physique ne fait pas partie de la culture des Peuls. Chez eux, on préfère boire le thé et discuter autour du feu.

Pour une raison que j'ignore, mon chauffeur était plus pressé que les autres. Nous roulions sur le sable à toute vitesse, loin devant. Toutefois, à cette vitesse, il faut un peu de tonus musculaire pour diriger une moto qui dérape sans cesse sur le sable. J'avais beau corriger la direction et retenir les bras du Peul quand je sentais la moto déraper, je n'arrivais pas toujours à nous redresser. Nous avons donc fait trois embardées en quelques heures. La troisième a été spectaculaire : nous avons foncé dans le cul d'un âne, qui s'est mis à braire, et nous avons atterri dans le sable, sous la motocyclette, comme des champions empotés. Luca est descendu de la moto du petit chef pour courir vers moi.

— Ça va, Edith ? T'es-tu fait mal ?

Ma patience ayant des limites, j'ai dit que je ne voulais plus poursuivre la route avec l'homme-spaghetti. Aussi exaspéré que moi,

Luca a fait comprendre au petit chef qu'il n'était plus question que je monte avec le guide. Avec son calme habituel, ce dernier a réorganisé la caravane et m'a placée derrière la troupe, avec un des tireurs. Je ne suis plus jamais tombée de moto.

Le deuxième jour à moto, j'avais dû me résoudre à enlever mes verres de contact parce que j'avais les yeux pleins de sable. Ça n'avait pas été une décision facile à prendre : je savais que je ne verrais plus grand-chose, ma vue étant assez faible. Sans mes lentilles, je me sentais plus vulnérable, mais la santé de mes yeux était plus importante. Lorsque ma vue est devenue toute brouillée, je ne voyais plus venir les branches, alors je me les prenais en pleine figure. Parfois, je réagissais assez rapidement en voyant mon chauffeur baisser la tête, mais la plupart du temps nous devions nous arrêter pour replacer mon foulard qui s'accrochait dans les branches et se dénouait.

Le troisième jour, nous avons fait une halte à midi pour la prière de Dhohr et pour manger. J'en ai profité pour glisser à Luca :

— Il faut s'enfuir, sinon on est foutus. C'est maintenant ou jamais.

Pauvre Luca! Il ne savait plus quoi faire ; il ne voulait pas nous mettre en danger, mais, en même temps, il voyait bien, lui aussi, que l'étau se resserrait sur nous. Il a donc décidé de s'adresser à celui qui comprenait un peu le français. Ils ont discuté un moment, et les hommes se sont mis à s'énerver. Luca est finalement revenu vers moi et, d'une voix hésitante, il m'a annoncé que notre voyage se finirait au Sahara...

— Tu sais, là où il ne faut pas aller... au nord du Mali.

Nous savions que le nord du Mali était en « zone rouge » depuis les rébellions des Touaregs contre l'État malien en 2012 et 2013. Découragé, Luca a ajouté :

— J'ai essayé de les convaincre de nous laisser partir, de leur dire que nous n'irions pas au Sahara avec eux, mais, de toute évidence, nous n'avons pas notre mot à dire là-dessus...

C'est à ce moment-là, le troisième jour, que nous avons vraiment compris sur quel genre de groupe nous étions tombés. Nous n'étions pas avec une bande de petits brigands, mais bien plutôt entre les griffes d'une importante organisation qui exigerait une rançon à nos gouvernements contre notre remise en liberté, ou bien qui se servirait de nous dans un échange de prisonniers.

J'ai pris quelques sacs d'eau que j'avais en ma possession et je les ai glissés dans mes poches tout en commençant à m'éloigner : nous allions tenter le tout pour le tout pour échapper à nos ravisseurs. J'ai lancé à Luca :

— On s'en va, prends de l'eau, toi aussi.

Des hommes nous ont alors encerclés, mais Luca a tout de même mis de l'eau dans les poches de son manteau avant de leur faire signe que nous nous en allions. Il y a eu de l'agitation, et le guide a pointé son arme sur la tête de Luca. Mon ami ne leur cédait pas.

— Laissez-nous partir. Nous n'irons pas au Sahara. Si nous allons là-bas, nous sommes foutus !

Il s'est remis en marche vers moi qui continuais à m'éloigner lentement. Le petit chef a levé une main pour que Luca s'arrête, puis il lui a tendu le téléphone afin qu'il parle encore au traducteur.

— Non ! a fait Luca. C'est fini, je n'ai plus rien à lui dire. Cet homme me ment tout le temps !

Le petit chef tenait toujours sa main en l'air et faisait signe à Luca de ne pas bouger. Il a ensuite donné des ordres à un jeune homme qui a sorti des menottes et s'est rué vers moi. Il fallait menotter la femme en premier.

D'un coup, j'ai senti mon poil se hérisser et ma bête sauvage surgir. Instinctivement, j'ai couru me cacher derrière Luca ; il n'était pas question que l'on me passe les menottes ! Le jeune homme, de toute évidence inexpérimenté, a bien été obligé de se tourner vers Luca. Spontanément, j'ai saisi Luca par les poignets et lui ai tiré les bras derrière le dos. Il n'était pas question non plus que l'on menotte mon « mari ». Dans cette position, Luca était maintenant incapable de se défendre. Le pauvre, il n'allait tout de même pas se battre avec moi pour me forcer à lui relâcher les bras. Quant à moi, je donnais des coups de pied dans le vide pour faire reculer le jeune homme. Pour être franche, je ris encore en repensant à cette scène absurde.

Et puis, coup de théâtre !

— O.K.! Stop! C'est bon, on va vous suivre, a dit Luca.

— Ah oui? ai-je répondu d'un air ahuri. Je lui ai lâché les poignets, et il a repris la situation en main, faisant signe à l'homme aux menottes de reculer.

Puis il s'est tourné vers moi, l'air décontenancé :

— Pour l'instant, il faut les suivre, qu'on le veuille ou non, *principessa*.

Il avait beau me traiter de « princesse », il reste que Luca avait raison : ces esclandres ne mèneraient à rien. Le petit chef était satisfait, il ne voulait pas être obligé de nous menotter, car il souhaitait que nous voyagions le plus discrètement possible.

Chapitre 10

L'échange

NOUS ROULIONS À MOTO vers le nord depuis presque deux semaines maintenant. Le paysage valsait entre la brousse et des zones plus désertiques et sablonneuses où nos bandits avaient du mal à maîtriser leurs engins. Nous sommes restés avec les Peuls jusqu'à ce que nous traversions les nombreuses branches d'un cours d'eau. Nous estimions que nous nous trouvions au nord de Mopti, dans le delta intérieur du fleuve Niger. Tout était bien planifié : nous passions par des terres reculées pour ne pas être vus, ce qui explique pourquoi nous avons traversé le fleuve sur des pinasses, ces pirogues de pêcheurs. Il y avait un banc à l'avant, un autre à l'arrière et, au milieu de l'embarcation, des filets et peut-être quelques poissons inanimés au fond.

Nous avons franchi une vingtaine de bras du fleuve, et le nombre et la dimension des pinasses variaient sans cesse. On pouvait charger trois motocyclettes sur une grande pinasse, mais la plupart du temps il n'y en avait qu'une petite, laquelle ne pouvait transporter qu'une seule moto et son chauffeur. Chaque passage pouvait donc s'étirer sur plusieurs heures, mais il faut dire que les Africains ne sont pas pressés, ils ont l'habitude d'avoir du temps devant eux. Ils ne sont pas comme nous, les Occidentaux, toujours un peu impatients. C'était la rencontre de deux mondes. Pour Luca et moi, tout était toujours trop long, car nous étions pressés d'arriver à destination. Nous ne savions pas encore ce qui nous attendait, mais nous avions bon espoir de nous tirer bientôt de ce pétrin. Nous avions encore beaucoup à apprendre sur ce nouveau mode de vie difficile à intégrer.

Nous avons ensuite traversé plusieurs villages isolés, chacun constitué d'une dizaine de huttes faites de boue séchée. Les enfants nous fixaient du regard tout en portant des jarres en équilibre sur la tête, tandis que les mères cessaient leur lessive, les deux pieds dans une marre d'eau, pour regarder passer les motocyclettes. J'essayais de leur montrer mon visage de femme blanche, en laissant glisser subtilement mon foulard, comme s'il se desserrait par mégarde. Mon chauffeur me regardait dans le rétroviseur et me faisait signe de le remonter. Il devait trouver qu'il se relâchait facilement, mais, comme je n'étais pas une experte dans le port du voile, il ne semblait pas trop s'en étonner. Mine de rien, j'ôtais parfois aussi mes gants pour que les villageois puissent voir mes mains blanches. Je joignais même les poignets pour leur signifier que j'étais captive. Mais que pouvaient faire ces gens pauvres, démunis, qui survivaient à grand-peine? Il était beaucoup trop dangereux de tenter quoi que ce soit contre nos ravisseurs. D'ailleurs, ces derniers évitaient autant que possible les contacts avec les civils. Par exemple, à un moment donné, un des djihadistes a écrasé un poulet, et le petit chef a dû rebrousser chemin pour dédommager le chef du village de la perte de celui-ci, tandis que les autres nous gardaient à distance.

Nous faisions toujours une pause à midi dans un endroit broussailleux et isolé. Nous pouvions alors nous préparer un repas pendant que les autres faisaient leurs prières. Nous nous tenions toujours un peu à l'écart, avec notre sac qui avait été préparé pour ce long voyage. Il nous restait encore de notre propre nourriture, récupérée par nos ravisseurs dans l'auto qu'ils avaient dissimulée dans le parc du W.

La route était interminable. Nous étions exténués. Luca avait mal au dos, et le voyage à moto n'améliorait pas son état. Nous avions aussi très soif parce que les hommes ne nous proposaient plus que de l'eau du fleuve Niger et que nous étions encore réticents à boire l'eau de leurs puits. Mais tout cela changerait bientôt...

Au seizième jour, notre aventure avec les Peuls tirait à sa fin.

Le ciel commençait à s'enflammer, le soleil se cachait en emportant avec lui un peu de sa chaleur, et nous, nous arrivions au bout de notre voyage à moto. Une camionnette était cachée sous un arbre, où un autre groupe nous attendait. C'était une troupe différente, qui ne s'exprimait pas en bambara, mais en arabe. Les Peuls repartiraient en nous laissant entre les mains de nos nouveaux hôtes. Ces derniers étaient plus âgés et paraissaient plus professionnels, mais ils n'étaient pas pour autant plus sympathiques. Nous n'avions pas réussi à semer les Peuls, et l'étau se resserrait.

***

Les Arabes avaient donc pris la relève. Ils étaient un des nombreux pions d'Iyad Ag Ghali, chef du Groupe de soutien à l'islam et aux musulmans (GSIM) né en 2017 de la fusion de la plupart des groupes djihadistes maliens. Ils nous ont offert du lait et de quoi manger. Ils semblaient attendre l'obscurité pour nous déplacer. Cette nuit-là, nous avons à peine parcouru quelques kilomètres. Nous devions seulement atteindre une autre camionnette dans laquelle nous partirions pour le désert le lendemain matin.

Dès l'aube...

Deux camionnettes faisaient la course, se poursuivaient. Nous étions dans la première, avec le chauffeur, et cinq autres hommes étaient assis à l'arrière, dans la caisse, sur une montagne de ravitaillement retenue par un filet. L'autre camionnette était semblable à la nôtre, mais il y avait une grosse mitraillette sur trépied à l'arrière. Ces hommes étaient équipés d'armes plus imposantes, afin d'assurer notre entrée dans le désert, parce que la zone était plus propice à des attaques.

Nous avons roulé pendant deux jours dans les sables, gravissant et dévalant les dunes comme s'il s'agissait d'énormes vagues. Les chauffeurs du désert conduisent à toute vitesse pour éviter de s'enliser. Je me sentais comme au cœur d'une tempête, filant de haut en bas et de bas en haut sur de vastes lames asséchées. Tous nos muscles étaient endoloris parce que nous devions sans cesse nous raccrocher à ce que nous pouvions pour ne pas nous écraser la tête contre le toit de l'habitacle.

J'ai alors appris que les seules choses rapides dans le désert sont les voitures.

Section III

L'ENTRÉE
DANS LE DÉSERT

Jour 17 au jour 24 de captivité

Un jour de plus

Le jour avait pris son temps, traversant le monde,
Parcourant les dunes, étirant les secondes.
Il déambulait en rond, roulant sur la terre,
Frôlant tous les monts qui poussaient au travers...

Les rayons échappaient des couleurs dans le ciel,
Les rouges s'enflammaient devant les roses en dentelle.
La lune, à son heure, teintait tous les coins sombres,
Arrondissant sa lueur qui se baignait dans l'ombre...

La nuit arrivait, se gonflait d'images,
Des rêves qui pleuvaient partout à son passage.
Elle voyageait tranquillement en obscurcissant les voies,
Contournant la terre qui tournait une autre fois.

25 août 2019   251e jour de captivité

Chapitre 11

L'homme en bleu

LA SECONDE CAMIONNETTE venait tout juste de nous quitter. Nos ravisseurs avaient réussi à nous faire entrer dans le désert. Nous étions maintenant bien installés dans notre nouvelle cage ensablée. Il n'y avait plus rien autour de nous à des kilomètres à la ronde ; que du sable doré à perte de vue, brillant sous le soleil ardent.

Notre chauffeur s'est arrêté devant une petite hutte camouflée, couleur du désert. De hautes herbes sèches s'enlaçaient tout autour et au-dessus d'elle, la rendant pratiquement invisible de loin. Un homme élancé, vêtu de longs vêtements bleus, en est sorti. Il a salué le chauffeur et s'est installé avec les autres à l'arrière de la camionnette. Qui était cet individu mystérieux, armé d'une kalachnikov, qui se cachait dans une toute petite hutte au beau milieu du désert ? C'est avec l'arrivée de cet homme bleu, un peu louche, que les manœuvres douteuses ont commencé…

Notre chauffeur a cessé de se diriger vers le nord et a pris de nouvelles directions. Il s'est ensuite arrêté à un puits. Les puits dans le Sahara ont été creusés pour les bergers et les nomades qui s'aventurent dans le désert. Le chauffeur avait garé la camionnette de façon que nous ne puissions pas voir ce qu'il faisait. De notre place, nous ne voyions que du sable à perte de vue, jusqu'à l'horizon. Il faisait donc ses cachotteries derrière la camionnette. Il avait même pris soin de tourner les rétroviseurs vers le sol avant de descendre, et un des hommes de l'arrière était venu s'asseoir à sa place pour nous surveiller.

Une fois la magouille terminée, le chauffeur est remonté à bord et nous nous sommes dirigés vers un autre puits, à une vingtaine de kilomètres plus loin. Le même scénario s'est répété : le chauffeur est descendu, a rabattu les rétroviseurs, et un autre homme a pris sa place. Cette fois, la magouille a duré un peu plus longtemps.

Une trentaine de minutes plus tard, le chauffeur est revenu, complètement essoufflé. Avait-il couru ? Étrange, car les Arabes du désert ne courent pas... Il a redémarré la camionnette et nous a tendu des dattes. Bon, je ne savais pas ce qu'il avait trafiqué, mais il en avait au moins tiré quelque chose à manger. Le trajet semblait erratique et me désorientait : les ombres et le soleil dansaient tout autour de nous, je crois que l'on tournait en rond. Nous étions habitués à rouler vers le nord, maintenant nous mettions le cap à l'est, à l'ouest ou au sud. Nos ravisseurs cherchaient-ils quelque chose ou quelqu'un ? Voulaient-ils brouiller les pistes ? Il y a eu plusieurs arrêts similaires, le chauffeur cachant ou cherchant quelque chose dans les sables. Nous n'avons jamais su ce que c'était.

À un moment donné, j'ai senti le chauffeur se raidir et j'ai tenté de distinguer ce qu'il voyait, mais, sans mes verres de contact, c'était peine perdue. Luca s'est penché vers moi en disant qu'il y avait une camionnette sur une dune au loin. J'ai alors aperçu une couleur qui se mouvait. Notre chauffeur a donné un coup de volant, le sable s'est mis à voler ; il klaxonnait sans arrêt, gravissant les dunes, puis laissant glisser la camionnette sur l'autre versant tout en prenant de l'élan pour grimper la dune suivante. Nous étions dans une vraie tempête de vagues ! Il était impressionnant de voir les six hommes, à l'arrière, qui s'agrippaient à la montagne de ravitaillement. Quant à l'autre camionnette, elle semblait nous fuir. Mais pourquoi ? Il était pourtant évident que notre pilote cherchait à établir un contact. Cette course-poursuite a pris fin lorsque nous avons réussi à rattraper l'autre surfeur des sables, qui s'est immobilisé.

Saisissant sa kalachnikov, notre chauffeur est descendu et s'est dirigé vers l'autre camionnette. Cette fois, celui qui est venu se poster près de nous pour nous surveiller était l'homme mystérieux vêtu de bleu. Ses vêtements amples claquant dans le vent lui donnaient un air encore plus énigmatique. Il observait la scène attentivement, et je ne pouvais m'empêcher de le trouver suspect, voire inquiétant. Tout à coup, sans avertissement, il a sauté sur le siège du conducteur et a pris la fuite avec nous à bord ! Il écrasait l'accélérateur et jetait toutes les deux secondes des coups d'œil dans le rétroviseur pour vérifier si l'on ne nous suivait pas. Les yeux exorbités, il semblait terrifié. De mon côté, je ne voyais pas s'il y avait encore des hommes dans la caisse. Avec un demi-sourire, j'ai dit à Luca :

— Je crois qu'il vient de nous voler à nos kidnappeurs.

Luca cachait lui aussi un sourire : la situation nous dépassait.

— Peut-être, mais je ne sais pas si celui-ci est meilleur ou pire que les autres.

Notre homme, paniqué, continuait sa course folle à travers les dunes, lançant toujours des regards dans le rétroviseur. Nous sommes revenus au premier puits, où il est descendu. C'est alors que nous nous sommes rendu compte que les autres hommes se trouvaient toujours dans la caisse de la camionnette ! Luca et moi avons donc attendu la suite des événements ; nous ne comprenions jamais rien avec ces gens-là. L'homme en bleu, qui avait momentanément disparu, est revenu essoufflé. Eh bien, lui aussi était un coureur ! Nous avons repris la route pendant quelques kilomètres avant de nous arrêter de nouveau. Notre conducteur est descendu, a saisi notre sac de voyage et l'a lancé sous un arbre.

— Je pense qu'il veut que nous mangions ici.

À cet endroit, le vent déchaîné s'infiltrait partout ! C'était la première fois que j'essayais de cuisiner dans les rafales de sable. Luca a mangé tant bien que mal, l'air un peu découragé ; j'entendais les « crac ! » et les « crounch ! » sous ses dents. C'est ainsi que nous avons dégusté notre première purée de patates au sable. Je ne maîtrisais pas encore l'art de la cuisine du désert. Il fallait apprendre les bonnes techniques pour éviter ces désagréments. J'apprendrais...

Deux heures plus tard, nous avons entendu au loin le bruit d'un véhicule qui venait dans notre direction. Cette fois, l'homme en bleu n'avait pas l'air inquiet. La camionnette s'est arrêtée, et notre chauffeur précédent en est sorti! Il a salué l'homme en bleu et s'est retourné pour dire au revoir aux occupants de la camionnette qui repartait. Nous devions montrer deux visages interrogatifs. Luca se frottait la barbe, dubitatif.

— Il est revenu.

C'était à n'y rien comprendre.

Nous sommes aussitôt remontés dans la camionnette pour aller déposer l'homme en bleu devant sa petite hutte camouflée au cœur du désert; ensuite, nous avons repris la route vers le nord avec l'ancien chauffeur, les autres hommes se cramponnant toujours au filet dans la caisse.

C'est ainsi que nous avons laissé derrière nous cet individu, seul avec son mystère. Nous nous posions beaucoup de questions auxquelles nous n'aurions jamais de réponse.

Labyrinthe

La sortie s'éloignait à chacun de mes pas,

Le labyrinthe dessinait de nouveaux couloirs,

M'attendant au loin, avançant derrière moi,

Des lumières qui soudain surgissaient du noir...

En regardant le sol, j'ai vu le ciel miroiter,

Je traversais les nuages de mes rêves insécures,

Et le ciel se perdait dans chaque destinée,

Prenant à chaque pas une nouvelle allure...

Le labyrinthe cachait mes espoirs, mes demains,

Laissant sur le coin quelques souvenirs.

J'ai regardé en l'air, admirant avec soin

S'embrumer le futur que je ne pouvais décrire...

Des lettres s'écrivaient partout sur les murs,

Racontant ma vie à chaque mouvement.

J'avançais, laissant mes peurs sous les fissures,

N'apportant avec moi que les feuilles dans le vent.

12 avril 2019   116e jour de captivité

Chapitre 12

Le chef

LE LENDEMAIN DES INTRIGUES insolvables, notre chauffeur s'est arrêté devant deux abris distancés de quelques mètres l'un de l'autre. En nous approchant de celui où l'on avait déposé notre sac de voyage, nous avons aperçu sur le sol des papiers d'emballage américains, des contenants et de la nourriture qui ne venaient certainement pas du désert. Nous n'étions pas les premiers otages à passer par ici. Les hommes qui étaient à l'arrière de la camionnette ont débarqué tout le ravitaillement sous le commandement de l'un des leurs que nous avons surnommé plus tard Parano. Le chauffeur nous a regardés d'un air satisfait et nous a lancé en français, avec un fort accent :

— Bienvenue dans votre hôtel cinq étoiles !

L'abri était assez grand, on pouvait se tenir debout à l'intérieur, et il y avait de l'espace pour bouger un peu. Nous ne savions pas encore que, par la suite, nous ne serions plus jamais logés dans un tel abri de luxe. Après cet hôtel cinq étoiles, les étoiles tomberaient une à une, chaque fois que nous changerions de lieu et d'abri.

Quelques jours plus tard, en mi-journée, nous avons entendu le bruit sourd d'un coup de feu. Peut-être annonçait-il l'imminence d'un événement ou l'arrivée de quelqu'un. Effectivement, un véhicule est arrivé dans la soirée, transportant un mouton et du ravitaillement. Les hommes du campement ont égorgé l'animal et sont venus accrocher dans notre hutte une des pattes toute dégoulinante de sang ! Nous les avons ensuite entendus faire boucherie. Il y avait beaucoup de mouvement autour des deux abris.

J'observais le gigot suspendu.

— On n'a pas de couteau. Comment croient-ils que nous découperons la viande ?

Luca a décroché la patte et m'a dit :

— Je vais aller leur demander de nous la couper en morceaux.

Il est parti se mêler à l'agitation pendant que j'allumais un feu. Sitôt dit, sitôt fait : Luca est revenu avec la patte débitée.

À la nuit tombée, un autre véhicule est arrivé, puis nous avons entendu deux hommes qui discutaient en venant vers notre hutte. Il s'agissait d'un chef et de son interprète.

— Bonsoir, a fait l'interprète. Pouvons-nous entrer ?

Une fois à l'intérieur, ils ont dirigé le faisceau de leur lampe de poche dans les yeux de Luca qui grimaçait, ébloui, et ils se sont assis par terre. Tout au long de leur entretien avec lui, jamais ils n'ont baissé la lampe, l'aveuglant volontairement.

— Bienvenue chez Al-Qaïda, si on peut dire ça ainsi, a lancé l'interprète.

Ensuite, les deux visiteurs ont discuté entre eux pendant quelques minutes, en arabe, avant que l'interprète dise :

— Nous aurions quelques questions à vous poser. Nous devons connaître votre métier, votre âge...

Luca a répondu vaguement à leurs questions. Par exemple, au lieu de préciser qu'il était architecte, il a dit qu'il travaillait à la ferme familiale. Ce n'était pas faux, puisqu'il faisait les deux, mais il voulait éviter de leur dévoiler quoi que ce soit d'intéressant.

À la fin, ils nous ont salués et sont sortis de notre hutte. Après cet échange, Luca avait un drôle d'air. Il devait voir des étoiles ou des formes géométriques danser dans le noir maintenant que la lampe avait disparu. Peut-être voyait-il aussi des gigots tourner en rond, qui sait ?

Le lendemain, à l'aube, le chef et son interprète sont repartis après la première prière. Plus tard, nous avons aussi quitté les lieux, mais avons d'abord fait la rencontre d'un homme venu s'informer auprès de Luca de nos éventuels problèmes de santé. Luca a mentionné qu'il avait des maux de dos, et l'homme lui a donné des anti-inflammatoires.

À l'heure du départ, Parano a exigé que nous nous bandions les yeux avant de monter dans la camionnette. Peu après, nous nous sommes retrouvés dans un lieu bien caché, entre les dunes, où les hommes nous ont construit un petit abri de branches, de plantes et d'herbes.

C'est là que nous allions faire la connaissance de Barbe Rousse...

Les sables du temps

Les doigts crispés au visage,
Le soleil haut, à son plus fort,
Le vent s'agrippait à son passage,
À un habit brodé d'or...

Une pyramide s'égrenait vers l'est,
Là où l'aube s'était cachée,
Alors que l'homme retenait sa veste
Que le vent essayait d'arracher...

Le sol semblait se déchirer,
Éclatant les sables du temps.
L'homme s'était alors recourbé
Devant la puissance du mouvement...

Le sablier tentait de s'inverser,
Entraînant l'homme dans son entonnoir,
Redistribuant son temps de captivité.
Il n'y avait dans le désert aucune échappatoire.

21 mars 2019   94e jour de captivité

Section IV LES ARABES
DU DÉSERT

Jour 25 au jour 76 de captivité

Le cauchemar

J'escalade, je longe, je trébuche, je traverse,
Je plonge, je trempe dans un cauchemar,
J'essuie mes vêtements souillés par l'averse,
J'essore mes cheveux qui dégoulinent de noir...

Le vent est étrange dans ce pays.
Il souffle, il respire souvent derrière moi.
Je crois qu'il me traque partout dans la nuit,
Il m'engourdit, m'emprisonne dans son corps froid...

Je nage, je coule, je m'enlise dans le vide.
Le cauchemar me saisit par-dessous,
Il m'attrape les pieds sur sa terre aride,
Je tombe dans le gouffre qui efface tout...

Il pleut autour des larmes de tristesse,
Je me sauve sans cesse sur un fond gris,
Le ciel se déchire dans sa détresse,
Se déverse sur moi qui cours pour ma survie...

J'ai crié, hurlé, combattu ce monde qui errait.
Je cherchais la sortie qui changeait de parcours,
J'ai grimpé les falaises de montagnes qui s'effondraient,
J'ai cherché la lumière en escaladant des tours...

Le cauchemar chuchotait, sillonnant les airs,
M'aveuglant de son ombre grandissante.
Il humait des fleurs au parfum de misère
En m'observant courir dans sa scène inquiétante.

4 janvier 2020   383e jour de captivité

Chapitre 13

Barbe Rousse

LUCA ET MOI ÉTIONS ÉTENDUS sous notre nouvel abri temporaire, un grand drap beige soutenu par quatre piquets de bois. Un petit quelque chose qui nous protégeait du soleil en attendant la suite des événements...

Soudain, un pick-up inconnu est apparu, s'est arrêté devant nous, et Parano nous a fait signe d'y monter. Nous avons mis notre sac de voyage dans la caisse, où trois hommes et trois enfants armés étaient assis sur des provisions. J'étais abasourdie : les enfants pouvaient avoir de 13 à 15 ans. Des soldats miniatures tenant de grosses kalachnikovs ! Quelle terre impitoyable !

Luca a ouvert la portière du côté passager et nous sommes montés à bord. Ce nouveau chauffeur me donnait vraiment la chair de poule. Il m'a immédiatement dégoûtée. Il semblait assez vieux, il pouvait avoir de 55 à 70 ans, mais son âge était difficile à déterminer. Il avait les traits creusés et sévères, et la peau burinée, brûlée, gravement endommagée par le soleil du désert. Je crois qu'il devait s'agir d'un Arabe blanc, mais sa peau avait tellement bruni qu'elle en était presque noire. En fait, c'était un homme tricolore. La meilleure façon de le décrire serait de dire qu'il avait la peau d'un Noir, mais les traits d'un Blanc. Et, chose étrange, sa barbe poivre et sel était rousse à la pointe. Je me suis dit qu'il avait dû la teindre au henné quelque temps auparavant.

Cet être inquiétant, qui roulait dans les dunes comme un vrai cowboy du désert, dirigeait le nouveau groupe qui s'agrippait tant bien que mal dans la caisse de la camionnette. Il sortait sans cesse la tête par la fenêtre pour crier des mots en arabe à ses hommes. Rien en lui ne respirait la douceur. Son énergie intense et négative me faisait frémir jusqu'au bout des ongles.

Il a soudainement arrêté le pick-up et montré du doigt l'endroit où ses hommes devaient construire notre nouvel abri. Hommes et enfants se sont mis à la tâche pendant que lui se prélassait sur le sable comme un pacha, kalachnikov à la main, leur hurlant ses ordres contradictoires avec une désinvolture agressive. J'étais sidérée !

Nous sommes restés un mois et demi en compagnie de Barbe Rousse. Les seuls moments où nous ne l'entendions pas mugir, c'était quand il faisait la sieste.

Nous pouvions alors enfin entendre le désert respirer.

Chapitre 14

Dentonné

LES ENFANTS-SOLDATS étaient en apprentissage : Barbe Rousse et les deux autres adultes seraient leurs mentors pendant que le groupe s'occuperait de nous. Ils lisaient le Coran, récitaient des sourates, apprenaient à cuire le pain sous le sable, à cuisiner les pâtes, le riz, le mouton, la chèvre, à abattre les animaux et à en conserver la chair. Hélas, tous ne maîtrisaient pas les techniques de conservation et de séchage de la viande, laquelle contenait souvent des vers. Le groupe avait droit à deux moutons ou à deux chèvres par mois, donc la viande de chaque animal devait durer deux semaines.

Le jour de l'abattage, c'était la fête de leur côté, et Luca et moi avions droit aux abats — poumons, foie, cœur, rognons. Occasionnellement, ils nous donnaient des côtes et des morceaux de viande cuits sur les braises. Les trois premiers jours suivant l'abattage, nous avions de la chair fraîche, ensuite c'était de la viande séchée. À la fin de la deuxième semaine, nous mangions les boyaux farcis de gras frit. Il m'a fallu trois mois pour abandonner mon végétarisme. À mon sens, c'était correct, car l'animal était traité avec respect, et les hommes mangeaient tout ce qui était comestible. Pas de gaspillage. Les morceaux que j'ai le moins appréciés sont le gras frit, l'anus de mouton et les tripes. Je crois que les Arabes du désert n'aimaient pas non plus l'anus, car il se retrouvait immanquablement dans mon assiette. La viande était très raide, presque impossible à mâcher.

Les enfants apprenaient aussi à démonter leur kalachnikov, à la nettoyer et à la remonter. On leur enseignait à construire des abris et à les camoufler, à monter à dos de chameau. De notre côté, Luca et moi devions rester tranquilles et ne pas trop nous éloigner de notre abri. C'était pénible de ne rien faire de la journée. Il n'est pas facile d'apprendre à vivre dans les limbes, à regarder le temps filer sans rien pouvoir changer à sa situation. Si au moins j'avais eu un stylo et du papier pour écrire, j'aurais pu m'occuper l'esprit. À ce stade de notre captivité, nous jouissions quand même d'une liberté relative, mais je ne m'en rendais pas compte, et je ne croyais surtout pas que notre situation puisse empirer. Nous avions encore le droit et le privilège de sortir de notre abri, de faire du feu et de préparer nos repas. On ne réalise pas ce que l'on a tant que l'on n'a pas tout perdu. Nous croyions avoir traversé la frontière du désastre et nous n'avions pas conscience des autres catastrophes qui nous attendaient patiemment, tapies dans l'ombre de notre destin.

L'un des gardes, surnommé Dentonné par Luca (il faut le dire à l'italienne), avait une importante malformation dentaire. Il était pourvu de dents de cheval, et ses palettes s'avançaient outrageusement hors de sa bouche. Au début, je croyais que cet homme avait une profonde aversion à l'égard des Blancs, mais, lorsque j'ai mieux compris l'islam, je me suis rendu compte que, en fait, il éprouvait du dégoût pour les mécréants, c'est-à-dire pour tous ceux qui ne sont pas musulmans et qui ne croient pas en Allah, leur dieu, ou en Mahomet, leur prophète. Il venait toujours vers nous avec de la répugnance dans le regard. Le moindre de ses gestes trahissait son mépris. Il nous lançait nos choses au lieu de nous les donner ou de les déposer devant nous. Il se comportait comme une brute. Un jour, Luca s'est fatigué de cette attitude, et par des gestes il a fait comprendre à Dentonné qu'il le trouvait grossier. Furieux, le visage tordu par la rancœur, Dentonné est allé trouver Barbe Rousse, lequel gueulait encore contre quelqu'un, pour une raison ou pour une autre.

Peu après, les deux hommes sont revenus dans notre abri. Barbe Rousse a demandé à Luca, en gesticulant, quel était le problème. Nous ne pouvions bien sûr pas soutenir une longue conversation, puisque Barbe Rousse ne connaissait qu'une dizaine de mots français, dont « monsieur », « madame », « manger », « hélicoptère », « chef », « libre », « oui » et « non », alors Luca a dit « pas libres », et Barbe Rousse, de son air sévère, lui a rétorqué « oui libres », tout en nous faisant signe que nous pouvions sortir de l'abri à notre guise.

Eh bien, il avait raison, nous étions encore libres.

Cependant, Luca s'était tiré une balle dans le pied en se mettant Dentonné à dos. Maintenant, cet homme pouvait nous haïr ouvertement. Heureusement, outre Barbe Rousse et Dentonné, il y avait un troisième homme, que nous avions surnommé « le Gentil ». Il n'était pas particulièrement gentil, mais, comparativement à ses acolytes, il était correct.

Un peu plus tard ce jour-là, je suis allée me doucher discrètement derrière une touffe d'herbes pendant que Luca allumait un feu pour faire cuire des pâtes. Pendant que je me dévêtais, accroupie et cachée, une détonation provenant du campement m'a fait sursauter. J'ai déposé le savon et la bouteille d'eau pour me rhabiller en vitesse, et c'est alors que j'ai vu Barbe Rousse venir vers moi de sa démarche énergique. L'air furieux, il avait le visage d'un beau rouge brûlé qui se mariait très bien avec sa grosse barbe. Il a désigné notre abri de sa kalachnikov, ensuite il m'a poussée du canon pour que je marche plus vite. Luca était toujours devant son feu.

— Tu as entendu, Luca ? Il y a eu un coup de feu !

— Je sais, m'a-t-il répondu. Le vieux m'a tiré entre les pieds.

— Quoi ? Mais il est fou ! Qu'est-ce que tu as fait ?

— Il ne veut pas que je cuisine mes macaronis.

Barbe Rousse ne voulait pas discuter, il me poussait toujours avec son arme pour que j'entre dans l'abri, ce que j'ai fait. Dentonné a alors disposé des herbes et des branches devant la porte en tissu pour que je ne puisse plus sortir. J'étais prisonnière de la cache, et Luca était dehors avec ces enragés ! Je regardais par les interstices pour voir ce qui se passait. Les deux hommes ont ordonné à Luca de s'adosser à la cache. Barbe Rousse le menaçait toujours de sa kalachnikov. Luca n'arrivait pas à comprendre ce qu'ils voulaient. Était-il en danger ? Si oui, comment réagir ? Je ne savais pas quoi faire.

Soudain, un couteau a transpercé la toile de l'abri. La lame entrait et sortait, de haut en bas et de droite à gauche, découpant ainsi une ouverture du côté opposé à la porte qu'ils venaient de bloquer avec des herbes et des branches. Le visage de Barbe Rousse est apparu par ce trou, et il m'observait de son regard sévère.

— Luca, ça va ? me suis-je empressée de demander en regardant par-dessus l'épaule de ce dernier.

— Oui, je crois qu'ils se calment.

Quelle scène étrange !

Barbe Rousse et Dentonné ont ensuite fait comprendre à Luca qu'il pouvait maintenant faire cuire ses macaronis, puis ils sont repartis vers leur propre abri.

Que s'était-il donc passé ? Ce n'était que le premier de bien des épisodes de folie que nous allions vivre avec Barbe Rousse. Peut-être avait-il voulu nous faire comprendre qu'il était le patron, qui sait ? Barbe Rousse était un être difficile à saisir, et maintenant que Dentonné avait une dent contre Luca, nous ne devions espérer aucun traitement de faveur.

Chapitre 15

La
fuite
des
moudjahidines

LE MOUDJAHIDINE est un combattant d'une armée islamiste. Il se bat sur le chemin d'Allah (Dieu) au nom de la religion musulmane, au nom de l'islam. Depuis une semaine, nous entendions voler des drones jour et nuit. Le bruit ressemblait à s'y méprendre à celui d'un avion, mais nous savions que ce n'était pas exactement ça. Les avions ne tournent pas en rond en faisant des recherches; les drones, oui. Ils semblaient se rapprocher de plus en plus de notre zone. Je les cherchais malgré ma mauvaise vue, espérant distinguer quelque chose dans ce ciel immense, mais il nous était impossible de les voir.

Les hommes commençaient à être très tendus, et nous avions pour consigne de rester à l'intérieur de notre abri pour ne pas être repérés. Eux-mêmes ne sortaient pas souvent de leur tente. Le peu de liberté que nous possédions encore quelques jours auparavant s'était envolé. L'extérieur nous était maintenant proscrit. Barbe Rousse appelait les drones des « hélicoptères ». Je ne suis pas certaine que ces moudjahidines qui nous gardaient captifs savaient exactement ce qu'étaient des drones, par contre ils en avaient extrêmement peur. Ils avaient une véritable phobie des « hélicoptères ».

La soirée avant la fuite, nous n'avions pas pu manger parce qu'il était maintenant interdit de faire du feu. Le matin venu, nous avons

entendu les drones se rapprocher encore, de plus en plus près. Le Gentil avait été chargé de nous surveiller. Il s'était adossé au mur, près de l'entrée de notre abri, et il avait reçu l'ordre de tirer sur nous si jamais l'armée française (Opération Barkhane) essayait de nous secourir. Il est resté là une bonne partie de la matinée.

Barbe Rousse est alors apparu et il a renvoyé le Gentil auprès des autres. Le chef veillait maintenant sur nous, ce qui nous a semblé de mauvais augure. Habituellement, il laissait à ses subalternes la tâche de nous surveiller, la petite besogne, mais, ce jour-là, il restait accroupi comme un soldat tapi dans sa tranchée, le fusil chargé et le doigt sur la détente. De l'intérieur de l'abri, nous l'observions calmement; il valait mieux ne faire aucun geste brusque qui aurait pu le faire sursauter. Au bout d'une heure, il nous a fait signe de ne pas bouger, qu'il allait revenir; évidemment que nous ne bougerions pas, nous n'avions aucune envie de jouer avec ses nerfs dans ces circonstances. Barbe Rousse était en pleine guerre. Il est revenu avec un walkie-talkie et a pointé son index vers moi.

— Madame!

Il a ensuite désigné mes chaussures, et j'ai compris que je devais les enfiler sur-le-champ. Je me suis activée pendant qu'il déchirait un pan du tissu qui recouvrait notre abri. Luca s'est raidi.

— Où l'emmenez-vous? Nous devons rester ensemble, vous ne pouvez pas nous séparer!

Luca avait prononcé ces paroles en français, langue incompréhensible pour Barbe Rousse. Le vieil homme l'a ignoré, m'a ordonné d'avancer, et il m'a couverte du tissu de la tête aux pieds. Ensuite, il a désigné le Gentil qui m'attendait au loin, une silhouette sur les sables vacillant dans les vapeurs de la chaleur torride qui s'intensifiait. La matinée tirait à sa fin, il devait être 10 heures. J'ai jeté un dernier regard à Luca, qui semblait désemparé, et je me suis mise à suivre le Gentil. Un autre homme s'est joint à nous; je ne l'avais encore jamais vu. Plus tard, nous l'avons surnommé l'Inconnu.

Le Gentil devant, moi et l'Inconnu derrière, nous avons pris la fuite à pied dans le désert — trois silhouettes enveloppées de tissu et accompagnées de leurs ombres qui traînaient sur une mer de sables brûlants. Nous avons marché longtemps dans les dunes. Nos silhouettes ont raccourci, jusqu'à disparaître presque totalement sous nos corps en fugue, puis elles ont rallongé pour finir par s'étioler vers l'horizon. Pendant cette fuite qui m'a paru durer une éternité, le Gentil me faisait signe de me dissimuler dans tous les tas d'herbes sèches que nous rencontrions. Nous devions nous protéger de ce soleil criard et nous tentions de partager ces parcelles d'ombres lacérées, presque inexistantes. Les deux hommes profitaient de ces pauses pour écouter le bruit des drones et évaluer la distance à laquelle ils se trouvaient. Parfois, quand ils croyaient que les bruits s'approchaient dangereusement, ils me faisaient signe de m'accroupir et de me couvrir du tissu qui me camouflait.

À un moment donné, nous avons aperçu deux acacias au loin; c'était exactement ce que les deux hommes cherchaient. Là, nous pourrions nous reposer, et ils m'auraient à l'œil. Ils m'ont fait signe d'aller me cacher sous un acacia et ils se sont installés sous l'autre. Je suis restée assise sous cet arbre pendant une bonne heure. Je m'inquiétais pour Luca, je me demandais ce qui lui était arrivé; aux mains d'individus si imprévisibles, on pouvait s'imaginer n'importe quoi. Tout à coup, j'ai entendu une voix. On aurait juré le ton gueulard de Barbe Rousse, mais, sans mes verres de contact, je ne voyais rien.

Je m'étais déjà habituée au désert et aux hommes flous, mais, parfois, il aurait été essentiel que j'aie une bonne vue pour comprendre ce qui se passait ou ce que l'on me demandait. Par exemple, à cet instant, l'un des deux hommes s'est levé pour agiter les bras. À qui ces signes s'adressaient-ils? À moi ou à quelqu'un qui s'approchait de l'autre côté de la dune? Faisait-il des signes en direction de la voix que j'avais entendue? Fallait-il que j'aille vers eux? Pourquoi s'énervait-il ainsi? Devais-je bouger ou non? Comme il persévérait, je me suis levée et j'ai commencé à avancer vers lui en plissant les yeux pour essayer de mieux voir. Il s'est mis à s'agiter davantage, alors je me suis figée: devais-je avancer ou reculer?

Tout à coup, le sable s'est mis à voler en formant une jolie fontaine. L'homme devait donner des coups de pied, alors j'ai compris. J'ai décidé de retourner sous mon arbre et d'y rester; s'ils me voulaient, ils n'avaient qu'à venir me chercher. Le sable a cessé de voler; la fontaine s'est tarie.

Quelques minutes plus tard, j'ai vu des taches vives apparaître au sommet des dunes, qui descendaient vers nous sous le soleil de plomb. Les gens du désert adorent les vêtements aux couleurs vives. Il me semblait qu'il y avait aussi des chameaux. J'ai plissé les yeux... Eh oui, il y en avait. Je suis restée assise sous l'acacia.

Deux inconnus se sont détachés du groupe pour s'approcher de moi. Ils m'ont fait signe de me lever et de les suivre. Mais avais-je bien compris leurs gestes ? Je n'en étais pas tout à fait certaine, mais je leur ai emboîté le pas.

Et voilà que, doux cadeau du ciel, j'ai entendu une voix tendre et familière au loin :

— Edith !

Je me suis retournée, tout sourire :

— Luca ?

Je me demandais lequel de ces personnages flous était mon compagnon. L'un d'eux venait vers moi, et j'ai reconnu sa démarche. Avec une joie immense, je me suis avancée vers lui.

— Ça va, Edith ? Tu vas bien ?

J'ai fait oui de la tête. D'un air dépité, il a poursuivi :

— J'ai été obligé de m'enfuir avec Dentonné et un des petits.

Ouf, il n'avait pas dû avoir une fuite facile ! En souriant toujours et sans dire un mot, je lui ai tendu ma bouteille d'eau qu'il a bue d'un trait, il était déshydraté. Dentonné ne lui avait pas beaucoup donné à boire pendant les longues heures de marche sous le soleil ardent du désert. J'étais heureuse de le retrouver sain et sauf. Lui aussi me souriait.

Nous avons poursuivi notre route avec ce groupe maintenant formé d'une dizaine d'hommes, jusque dans un lieu un peu plus dissimulé et plus sûr où nous avons pu faire une longue pause. Dentonné est alors parti à la recherche d'herbes, d'arbustes et de branches pour nous confectionner une prison. Pendant que nous serions séquestrés, eux prendraient le temps de se reposer, de cuisiner, de prier et de discuter de la marche à suivre.

Un homme est arrivé au crépuscule avec une dizaine de chameaux. Dentonné nous a donné une couverture, car, de décembre à mars, il fait très froid dans le désert. Le contraste est immense entre le jour et la nuit, le mercure pouvant descendre jusqu'au point de congélation. La couverture était trop petite pour nous deux, et nous nous sommes endormis en sandwich en tentant de nous couvrir et de nous réchauffer convenablement. Nous étions épuisés.

Dentonné nous a réveillés dans la nuit en nous lançant un bol de nourriture, du pain frit dans du gras avec du miel. N'ayant pas mangé depuis la veille, nous étions affamés et nous avons tout dévoré. Une fois le repas terminé, sept ou huit hommes sont partis à dos de chameau, et nous sommes restés avec Dentonné, le Gentil, l'Inconnu et deux chameau. L'une des bêtes transporterait le ravitaillement, tandis que l'autre nous porterait, Luca et moi. Peu après, nous sommes partis à notre tour, sous la pleine lune, jusqu'à ce que les hommes trouvent un endroit pour établir un autre campement : deux acacias, pas trop distancés l'un de l'autre, ont fait l'affaire.

L'acacia est un arbre qui peut vivre dans des conditions très difficiles, en supportant des températures extrêmement élevées et une très faible humidité. Il est capable de pousser dans des régions qui ne reçoivent que 40 millimètres de pluie par an et dans un sol sablonneux qui favorise l'évaporation. Ses racines s'enfoncent de plusieurs dizaines de mètres dans le sol, la racine principale pouvant plonger jusqu'à 60 mètres pour atteindre les nappes d'eau souterraines. C'est un arbre à l'image du désert aride, présentant de longues épines qui peuvent atteindre six centimètres, presque droites, blanchâtres, disposées par paires à la base des feuilles. Nous dormions donc littéralement sur un lit d'aiguilles, car il était impossible de toutes les balayer, elles se dissimulaient partout. Il n'y a rien de doux dans le désert : tout y est rude, sauvage, torsadé, épineux.

Luca et moi sommes restés cachés pendant deux semaines sous notre acacia, en attendant le retour de Barbe Rousse. En son absence, Dentonné était aux commandes. Nous étions donc presque contents de voir revenir Barbe Rousse, car nous allions enfin pouvoir bouger, et puis, tout compte fait, il était plus gentil que Dentonné. Nous avons alors pris notre couverture et notre bidon d'eau et nous avons suivi Barbe Rousse jusqu'à la camionnette qui était cachée quelques dunes plus loin, laissant derrière nous notre arbre-maison d'épines.

Nomades

L'un derrière l'autre, bien alignés,

Marchant sous un soleil ardent

Qui distribuait des ombres amusées,

Imitant tous leurs mouvements...

Les ombres se détachèrent des nomades,

Elles voulaient être libres, se laisser aller.

Les voilà parties en escapade,

Laissant les hommes qu'elles avaient accompagnés...

Une ligne naissait sur les sables brûlants,

C'était la lumière d'un rayon de soleil.

Elle partait au loin, se balançait dans le vent,

S'allongeant jusqu'aux plus belles merveilles...

Les ombres libres grimpèrent tout en long,

Prenant des poses gracieusement inventées,

Elles découvrirent le monde, traversant l'horizon,

Gardant bien l'équilibre sur leurs fils éventés...

Les nomades continuèrent en longeant les dunes,

Se muant tranquillement en statues de sable.

Ils s'effritèrent sous le soleil, sous la lune,

Ayant perdu leurs ombres, devenues introuvables.

26 août 2019   252e jour de captivité

Chapitre 16

Le jeûne
première partie

BARBE ROUSSE AVAIT CHOISI un nouvel emplacement dans le désert pour nous y construire un abri. Maintenant, les ordres étaient de ne plus sortir de la cache, sauf pour aller aux toilettes, tout près. La cachette était si petite que Luca et moi ne pouvions pas nous asseoir droit; nous avions la nuque et le dos recourbés et nos jambes dépassaient hors de l'abri. Dentonné était venu nous avertir: nous devions plier les membres et les tenir à l'intérieur afin d'être totalement invisibles. Mais il y avait quand même des limites, à nos yeux ils n'avaient qu'à construire une cachette plus grande. Alors, nous ne l'avons tout simplement pas écouté. Pouvions-nous, faute de pouvoir nous asseoir, nous étirer au moins les jambes et nous coucher confortablement? Ils ont fini par nous couvrir les membres avec ma vieille couverture beige. Maintenant, nous étions bien cachés et un peu plus confortablement installés. Quant à la largeur de notre abri, elle équivalait exactement à celle de nos deux corps côte à côte. Vraiment, c'était un abri exécrable, et nous resterions couchés là-dedans à longueur de journée pendant plusieurs semaines.

C'est fou comme le temps peut s'étirer et devenir insupportable quand on ne peut pas bouger. Je me sentais emprisonnée dans un sablier trop étroit qui surchauffait sous le soleil redoutable. Je contemplais les grains de sable qui tombaient un à un au ralenti, en souhaitant de tout cœur qu'ils s'écoulent plus vite. Comment expliquer le sentiment de vacuité que l'on éprouve quand on ne fait plus rien? Quand on fixe du regard, interminablement, le toit d'un abri exigu? Parfois, le temps semblait passer un peu plus vite quand je fermais les yeux. Un jour, pour cesser de fixer ce toit trop bas, je me suis tournée vers Luca.

— Veux-tu jouer à un jeu? Pose-moi des questions pour essayer de deviner le mot auquel je pense.

Luca m'a observée avant de lancer sa première question:

— Est-ce vivant?

— Non.

— Est-ce coloré?

— Non.

— Est-ce un objet matériel?

— Non.

— Est-ce transparent?

— Non.

Les questions se sont succédé jusqu'à ce que Luca abandonne la partie.

— Mais, Edith, je ne comprends pas. Comment c'est possible?

— Le mot, c'est « RIEN ».

— Quoi? Comment voulais-tu que je le devine? Tu dois penser à des mots comme « soleil », « sable », « chameau ». Pas à « rien »! Rien n'existe pas.

— Oui, ça existe!

Je lui souriais, fière d'avoir réussi à lui occuper l'esprit pendant un petit moment.

Après quelques jours, nous en avions un peu ras le bol des exigences de nos ravisseurs. Nous ne pouvions pas survivre mentalement à un tel désœuvrement, nous devions agir. Nous devions nous occuper l'esprit, nous battre pour survivre! Comme cette gazelle qui s'était tant démenée malgré ses faibles chances d'échapper au fauve. Les drones continuaient de circuler dans le ciel, et notre groupe de moudjahidines avait toujours les nerfs à vif.

— Qu'est-ce qu'on peut faire ? Et si l'on arrêtait de manger ? Penses-tu que ça les ferait réagir ?

Peut-être qu'ils négocieraient plus vite s'ils avaient peur de perdre leur marchandise. Et, par marchandise, je voulais dire : nous.

— Je n'ai pas envie de rester les bras croisés à subir les choses sans rien faire, ai-je lancé à Luca.

À ce moment-là, j'étais encore innocente. Captifs depuis seulement deux mois, nous n'avions pas encore tout compris. Je croyais, du moins j'espérais, pouvoir faire évoluer la situation un peu plus rapidement. Je n'avais encore rien saisi de l'envergure du guêpier, du dilemme devant lequel nous étions. Je sentais que nous nous enlisions ; nous devions tenter quelque chose. Luca réfléchissait :

— Moi non plus, je n'ai pas envie de rester les bras croisés. Tu sais, Edith, si nous faisons une grève de la faim, je ne m'arrêterai pas tant que nous n'obtiendrons pas des résultats.

Luca est un jeune homme très entêté et persévérant. À ces mots, j'ai compris que nous jeûnerions comme des combattants, jusqu'à ce que nous tombions.

— Es-tu certaine que tu veux essayer cette tactique ?

Bien sûr que je le voulais : j'étais désespérée. Notre champ d'action étant restreint, jeûner était une solution. Les hommes ne pouvaient tout de même pas nous forcer à manger ! L'autre possibilité était de fuir, mais je croyais que c'était plus dangereux.

— On essaie la grève de la faim pour commencer ?

Luca m'a fixée d'un air sérieux :

— Edith, es-tu certaine que c'est ce que tu veux ?

J'avais pris ma décision.

— Oui. De toute façon, je n'ai plus envie de manger leur nourriture, j'en ai assez de leur riz au gras de mouton ou de chèvre.

L'affaire était conclue, nous allions à nouveau badiner avec la mort. Qui ne risque rien n'a rien. C'était un peu notre philosophie, et nous n'avions rien à perdre. Hormis la vie.

C'était parti ! Lorsque le garçon de 13 ans nous a apporté un bol de nourriture, Luca lui a annoncé :

— On ne mange pas.

Le garçon a eu l'air étonné. Il a regardé Luca d'un air dépité, ne comprenant pas pourquoi un homme et une femme ne voudraient plus s'alimenter. Pour eux, se nourrir est un cadeau du ciel. Il a insisté, mais Luca lui a fait signe de repartir avec son bol. Quelques minutes plus tard, le Gentil est apparu avec le même bol dans les mains. Il s'est accroupi à l'entrée de notre abri et nous a tendu la nourriture. Luca a répété que nous ne mangerions pas, accompagnant ses paroles d'un geste de refus, et il lui a fait signe de repartir avec le bol. Le Gentil non plus ne comprenait pas pourquoi nous ne voulions pas manger. Il a froncé les sourcils et tourné les talons.

Les jours suivants, nous avons réitéré le même refus à chaque repas. Les garçons repartaient avec le bol de nourriture, toujours incapables de comprendre notre attitude. Nous ne vivions pas dans le même monde qu'eux, le leur était beaucoup plus dur, plus cruel que le nôtre. En même temps, nous représentions beaucoup pour eux, et à leurs yeux il n'était probablement pas convenable de laisser mourir les otages de faim.

Au bout de trois ou quatre jours, Barbe Rousse a compris notre jeu. Il est venu lui-même nous porter notre bol de nourriture, accompagné de Dentonné et d'une kalachnikov. Luca s'est alors tourné vers moi et, en me regardant droit dans les yeux, il m'a dit avec beaucoup de fermeté :

— Ne mange pas. Ils ne vont pas nous tirer dessus pour ça, ils vont seulement nous menacer. Ce n'est pas le temps de baisser les bras. Même s'ils pointent leur arme vers moi, ne mange pas.

Luca avait parfaitement deviné la manœuvre de Barbe Rousse. Le vieil homme s'est agenouillé et nous a tendu le bol.

— On ne mange pas, a maintenu Luca.

Ils l'ont alors fait sortir de l'abri et l'ont sommé d'aller s'asseoir plus loin. Barbe Rousse s'est ensuite tourné vers moi en disant :

— Madame, *mangi* !

Il avait le regard brutal, et des frissons me parcouraient le dos. Il m'a tendu le bol avec insistance, et je lui ai fait signe que non. Il a soupiré et a tourné son arme vers Luca :

— Madame, *mangi* !

Luca me regardait fixement, et je lisais dans ses yeux qu'il m'exhortait à ne pas toucher à cette nourriture. Je me suis tournée vers Barbe Rousse et, de ma voix la plus douce, la plus calme, je lui ai dit:

— Innocents, nous sommes innocents.

Je n'en suis pas certaine, mais je crois qu'il a compris, car il a baissé son fusil. Lui et Dentonné ont échangé un regard et sont repartis. À partir de ce moment, le groupe a eu recours à plusieurs stratégies pour nous faire manger, pratiquement une nouvelle par jour. Ils ne voulaient certainement pas en être réduits à appeler leur chef pour lui annoncer que l'Italien et la Canadienne se laissaient mourir de faim. Par exemple, ils nous ont ignorés pendant deux ou trois jours, sans nous proposer de nourriture. Par cette manœuvre psychologique, ils nous montraient qu'ils se foutaient que nous mangions ou non. Mais, le jour suivant, ils étaient prêts à nous tirer dessus si nous n'acceptions pas leur nourriture. Une fois, Barbe Rousse, l'air dément, a pointé vers moi un morceau de foie de mouton enfilé sur son couteau. Je regardais le sang couler sur la lame, le long du manche et sur ses doigts, et goutter par terre.

— Madame, *mangi*!

J'étais encore végétarienne à ce moment-là, son offre généreuse m'était donc d'autant moins alléchante. Une autre fois, il nous a enlevé notre eau. L'eau, en hassanya, le dialecte des hommes du désert, se prononce *il-ma*.

— Pas *mangi*, pas *il-ma*!

Pour contourner ce problème, Luca s'est adressé à un des jeunes, qui n'avait pas été averti par son chef que nous n'avions plus le droit de boire tant que nous ne mangerions pas, et ce garçon nous a apporté de l'eau. Barbe Rousse, furieux, a grondé le jeune, mais nous avons pu garder l'eau.

Un autre jour, Barbe Rousse a menacé de nous séparer, Luca et moi, si je ne mangeais pas. Puis, pour m'inciter à me nourrir, il a précisé tout de suite après:

— Madame *mangi*, madame hélicoptère Canada.

Mais je n'ai pas bronché.

Après une dizaine de jours, il nous a encore enlevé notre eau, mais cette fois les jeunes avaient reçu l'ordre de ne pas nous en donner. Il est très embêtant de manquer d'eau dans l'intense chaleur du désert.

Le surlendemain matin, Luca m'a mis la main sur l'épaule en disant :

— Écoute, Edith... On entend une voix inconnue... Ce n'est pas quelqu'un du groupe.

Il s'est redressé pour passer la tête par l'ouverture de l'abri, et je lui ai demandé ce qu'il voyait.

— Il y a un homme à dos de chameau, assis sur une selle rouge. En fait, on dirait une chaise.

Qui était-ce ? Nous n'avions pas l'habitude de recevoir des visiteurs. Peu après, l'inconnu est venu s'accroupir devant l'entrée de notre abri, une boîte de lait concentré à la main. Luca s'est redressé tant bien que mal ; tout recroquevillé, il avait la tête écrasée contre le toit de l'abri. L'homme ne semblait pas comprendre le français, il ne faisait que tendre la boîte de lait. Luca lui a alors montré le bidon d'eau vide tout en prononçant l'un des premiers mots hassanya que nous avions appris : *il-ma*. L'homme a froncé les sourcils et s'est éloigné avec le bidon. Luca souriait presque lorsqu'il m'a dit :

— Je crois que nous aurons de l'eau.

Cadeau du ciel, l'inconnu est revenu avec le bidon rempli à ras bord de ce doux et délicieux nectar de vie. Nous étions privés d'eau depuis déjà plus de vingt-quatre heures, et la peur commençait à nous tenailler. Une fois désaltéré, Luca a demandé par gestes à l'homme ce qu'il voulait. Ce dernier s'est contenté de lui tendre de nouveau la boîte de lait concentré en disant :

— *Mangi !*

De toute évidence, Barbe Rousse lui avait appris ce mot. Luca lui a fait signe que non, alors l'homme a sorti un téléphone de sa poche et a répété :

— *Mangi !*

Il nous a expliqué par des gestes que, si nous acceptions de manger, nous ferions une vidéo destinée à nos gouvernements, une preuve que nous étions toujours en vie, et que nous serions libérés trois jours plus tard. Nous commencions à savoir décrypter les signes, les gesticulations et les dessins sur le sable.

Après le départ de l'homme, Luca m'a dit :

— Il ment, c'est une autre de leurs tactiques.

Nous ne l'avons pas cru et avons donc décliné sa proposition. Il a tout de même tourné sa vidéo. C'était n'importe quoi : il nous a filmés en train de le regarder nous filmer. Il a ensuite regagné le groupe, abandonnant la boîte de lait, ouverte, à l'entrée de notre abri.

Dans l'après-midi, Barbe Rousse est parti avec l'inconnu. Trois jours plus tard, il était de retour. Sitôt descendu de chameau, il est venu vers nous avec une lettre à la main. Luca l'a prise, y a jeté un œil et me l'a tendue pour que je la lise. Écrite en français, elle provenait d'un homme qui se disait le chef des djihadistes qui nous retenaient captifs. Il était écrit que les négociations avec l'Italie étaient inexistantes pour le moment, donc que notre grève de la faim était vouée à l'échec. Pour cette raison, il valait mieux pour nous de recommencer à manger. J'ai replié la lettre et l'ai redonnée à Barbe Rousse, qui nous a demandé impatiemment :

— *Mangi ?*

Nous avons fait signe que non, « pas *mangi* ».

Luca, un soir, a décidé de secouer hors de l'abri notre couverture pleine de sable, et j'en ai profité pour aller aux toilettes. Sur le chemin du retour, j'ai vu que Barbe Rousse donnait des coups de bâton à Luca pour le faire rentrer dans l'abri. En me voyant, le vieil homme m'a toisée, puis il m'a montré du doigt l'intérieur de la cache. Il semblait furieux. Encore une fois. Voulant sans doute me montrer sa force, notre tyran a cassé le bâton en deux sur son genou, puis il m'a donné un coup dans le dos. Nous devions rentrer dans l'abri et ne plus en sortir, il s'était bien fait comprendre. À compter de ce jour, Luca et moi avons dû aller aux toilettes tout juste à l'extérieur de l'abri, sans nous éloigner et sans nous exposer aux regards.

Au dix-huitième jour de notre jeûne, Barbe Rousse est venu nous voir. J'étais couchée sur le côté, les yeux fermés.

— Madame !

Je l'ai ignoré : je n'avais pas envie de voir son visage horrifiant, je voulais avoir la paix.

— MADAME ! s'est-il écrié.

Je gardais les yeux clos, j'en avais marre de lui. Luca m'a avoué plus tard qu'il avait vu de la peur dans le regard du vieil homme. Barbe Rousse s'est relevé à la hâte et a passé un appel à quelqu'un. Moins d'une heure plus tard, une camionnette est arrivée, les trois jeunes sont montés à bord, et elle est aussitôt repartie. Il ne restait plus sur place que Barbe Rousse, Dentonné et le Gentil. Nous allions quitter les lieux, laissant derrière nous les chameaux et les abris.

Barbe Rousse nous a fait signe de grimper dans sa camionnette. Je ne l'avais jamais vu si fâché, il bouillait. Il était de nouveau plus rouge que sa barbe.

Rien

Assise, couchée.

Couchée, assise.

Yeux ouverts, yeux fermés.

RIEN

«Edith, dors-tu?»

Je garde les yeux fermés: «Non, j'attends.»

J'ouvre les yeux, je m'assois.

Il fait trop chaud encore, je me recouche.

Je ferme les yeux.

RIEN

Je ne dors pas, j'attends.

Le sol se désintègre sous mes pieds,

Chutant dans un tourbillon sans fin.

Je flotte sur des noirceurs égarées,

Existant dans l'étrange paysage de rien...

Je poursuis des traces qui se sont effacées,

Me perdant dans un couloir infini.

J'entends les portes se verrouiller,

M'enfonçant dans la vie qui s'était endormie...

Je tasse du noir pour mieux observer,

Écrasant le vide sous mes pieds perdus,

Mais le noir continue de pousser par milliers,

Créant des barrières qui me coupent la vue.

26 août 2019   252e jour de captivité

Chapitre 17

Le
jeûne
deuxième
partie

BARBE ROUSSE A STOPPÉ la camionnette. Comme il faisait déjà noir et que nous n'avions plus le temps de construire un abri, nous avons dormi avec eux sous le véhicule. Pendant tout le temps que dureraient les recherches aériennes intensives, cette période où il semblerait y avoir des millions de drones dans le ciel, les hommes ne se déplaceraient qu'à dos de chameau. Ils iraient chercher l'eau au puits à dos de chameau, ils rapporteraient des marchandises à dos de chameau, même les moutons ligotés! Si Barbe Rousse avait accepté de nous prendre dans sa camionnette ce jour-là, c'est sans doute parce qu'il croyait que j'étais mourante, et, voyant finalement que ce n'était pas le cas, il était furieux. Son appel d'urgence avait fait se déplacer beaucoup d'hommes à un moment où ils devaient rester bien cachés.

Le lendemain matin, nous nous sommes installés dans l'ombre de la camionnette pour nous protéger du soleil. Le désert se réchauffait déjà, il était presque inimaginable de penser que la nuit avait été si froide. Voyant que j'avais soif, Luca a ouvert la portière de la camionnette pour y prendre notre bidon d'eau. Erreur! Grosse, grosse erreur! J'ai littéralement eu l'impression que Dentonné volait vers la voiture, l'arme à la main. Luca a compris sa maladresse, mais il était trop tard. Il a essayé de s'expliquer en montrant de l'index le bidon qui se trouvait au pied du siège passager.

— Bidon *il-ma*.

Mais Dentonné a refusé de le lui donner. Il a plutôt désigné le ciel en disant :

— *Il-ma*, Italia !

Luca est revenu vers moi bredouille.

— Il a parlé de l'Italie... Crois-tu que nous rentrons ? lui ai-je demandé.

— Je ne sais pas, m'a-t-il répondu en haussant les épaules. Je l'espère, car ils nous ont de nouveau enlevé l'eau.

C'est alors que nous avons entendu le blatèrement d'un chameau au loin. C'est un son très étrange, comme un cri humide. Je ne peux l'expliquer autrement : on dirait que les chameaux crient dans l'eau. Nous avions encore droit à de la visite.

Le chamelier était un homme dans la trentaine, assez joyeux. Il est même venu nous saluer avec un large sourire, ce qui, je dois dire, était plutôt inhabituel. Les quatre hommes ont ensuite discuté pendant un bon moment autour d'un feu. Plus tard, ils se sont levés et se sont éloignés pour aller faire je ne sais quoi. On ne les voyait plus. Luca s'est alors tourné vers moi.

— Regarde, Edith, la gourde qui pend à la camionnette. Reste aux aguets pendant que je vais boire.

— O.K., mais dépêche-toi : tu es un homme mort s'ils te surprennent.

Il s'est précipité sur le bidon, a bu quelques gorgées d'eau, et en revenant vers moi il a dit :

— À mon tour de guetter. Va boire, Edith.

Je n'étais pas du tout certaine de vouloir m'exposer à ce risque. Je ne bougeais pas. Un homme est alors venu chercher quelque chose dans la camionnette et il est reparti aussitôt. Heureusement que je n'étais pas allée boire à la gourde, il m'aurait prise en flagrant délit ! Luca a insisté :

— Edith, va boire de l'eau pendant que je fais le guet ! On ne sait pas quand on aura de nouveau l'occasion de boire.

Je me suis décidée et j'ai foncé sur la gourde, mais dans ma hâte j'ai renversé toute l'eau sur moi et n'ai pu en boire que quelques gouttes. Je me suis rassise à côté de Luca, le gilet trempé.

— Donne-moi ton gilet.

Je portais un t-shirt en dessous, alors j'ai ôté ce vêtement mouillé, qui aurait pu me trahir, et l'ai donné à Luca.

— Je n'ai pas réussi à boire.

— Les hommes reviennent, reste tranquille.

L'homme souriant nous a fait signe de le suivre. Il nous a conduits à notre nouvel abri. C'était étrange, car ce dernier avait été creusé dans le sable. J'ai froncé les sourcils : on aurait dit une tombe. J'en ai fait la remarque à Luca qui, pour me rassurer, m'a répondu :

— C'est sûrement pour qu'on soit extrêmement bien cachés, et puis la terre va nous garder au frais pendant les journées chaudes.

Luca avait raison, il faisait un peu plus frais sous terre ; par contre, ils n'avaient pas pensé aux fourmis. Nous étions littéralement attaqués par ces insectes à longueur de journée. Il devait y avoir une fourmilière tout près, et... ça mord fort, des fourmis ! Il y avait aussi des souris qui couraient sur nous pendant la nuit. Je me souviens d'une nuit en particulier : nous dormions paisiblement, lorsqu'une de ces bestioles a sauté sur le visage de Luca. Il s'est réveillé en sursaut et a projeté la souris dans les airs. La pauvre a atterri sur mes jambes, et je l'ai envoyée valser à mon tour. Elle est retombée sur Luca qui l'a aussitôt chassée. Pauvre petite souris, elle était comme une balle de ping-pong. Heureusement, elle a fini par s'enfuir...

Le lendemain de notre première nuit dans l'abri-tombe, un chamelier inconnu est venu chercher Barbe Rousse. Nous n'avions toujours pas eu d'eau et nous avions très soif. Le Gentil est venu vérifier que nous étions toujours vivants dans notre trou. Luca lui a demandé :

— *Il-ma !*

Mais le Gentil lui a fait signe que non, que l'eau, c'était terminé pour nous.

— *Il-ma* Italia, a-t-il ajouté en montrant le ciel.

Une autre chose avait changé : il ne nous demandait plus si nous voulions manger ou non. Au moins, là-dessus, nous avions maintenant la paix.

La journée a passé très lentement ; j'avais soif.

Le lendemain, au deuxième jour sans boire et au vingt-deuxième sans manger, j'ai demandé à Luca :

— Pourrais-tu aller leur demander à boire ? Dis-leur que je ne vais pas bien, que madame se sent mal.

Luca a plongé son regard dans le mien :

— Tu veux que j'aille leur demander de l'eau ? Je connais déjà la réponse, mais, pour toi, je vais quand même essayer, a-t-il dit avant de quitter l'abri.

Il est revenu avec Dentonné qui l'escortait, fusil à la main.

— Et puis ?

— J'ai tout essayé, je me suis même mis à genoux, tu sais que ça m'a coûté beaucoup de faire ça. Ils m'ont demandé de partir, mais je n'ai pas bougé. Dentonné m'a lancé des tisons pour que je les laisse tranquilles, mais je n'ai toujours pas bougé. Il a alors empoigné son arme, et me revoilà.

— Merci, Luca, tu es vraiment gentil d'avoir essayé si fort. Ce sont de vraies brutes, et nous sommes dans la merde.

Je me suis recouchée. Il ventait un peu et je me suis concentrée sur ce vent qui me frôlait les lèvres. Ça m'empêchait de trop penser à la soif qui me tenaillait. Cette journée a passé encore plus lentement que la précédente.

Au troisième jour sans eau, Luca m'a tendu une fermeture éclair qu'il avait arrachée d'un vêtement :

— Tiens, mets ça dans ta bouche, le métal va te faire saliver un peu.

J'ai fait ce qu'il m'avait demandé ; il avait raison, ça m'a fait un peu saliver.

Au quatrième jour sans eau, Luca a eu une idée :

— Je vais boire mon urine !

— Quoi ? ai-je fait, le regard médusé.

— J'ai envie d'uriner et je vais boire mon urine.

— O.K., tu me diras comment c'est.

Il s'est levé et est sorti de l'abri. Quelques secondes ont passé, et je restais là, à sourire bêtement, en me disant que Luca était en train de boire son urine.

Il est revenu comme si de rien n'était.

— Et puis ?

— C'est répugnant. Ça goûte très fort, je ne m'attendais pas à ça. Je n'ai pas réussi à tout boire, et maintenant j'ai une haleine de pisse et un goût de pisse dans la bouche.

Je riais. Il me faisait glousser, ce mari.

— Vas-tu boire ton urine, toi aussi?

— Non, pas tout de suite, ai-je répondu en rigolant.

Notre abri creusé dans le sol était tapissé de longues herbes un peu grasses. J'ai pris un brin d'herbe bien vert et j'ai demandé à Luca:

— As-tu déjà remarqué si les chameaux bouffent cette herbe?

Il a réfléchi:

— Oui, il me semble les avoir vus en manger.

— Si les chameaux mangent cette herbe, elle ne devrait pas être toxique pour nous...

À ces mots, j'ai mis le bout le plus gras dans ma bouche et l'ai sucé; cette herbe contenait un tout petit peu de jus sucré, alors j'ai proposé à Luca d'en prendre aussi. Il en a choisi une belle et en a tété le jus à son tour. Il s'est ensuite levé pour aller en cueillir dehors. J'étais en extase: quel doux petit nectar salvateur!

Cinquième jour sans eau, vingt-cinquième sans manger.

Nouveau blatèrement de chameau. Luca a jeté un coup d'œil hors du trou; Barbe Rousse était de retour. Il est venu nous voir quelques minutes plus tard, et Luca a tenté sa chance:

— *Il-ma?*

Le vieil homme semblait très heureux, il avait dû apprendre de bonnes nouvelles. Il est allé remplir notre bidon d'eau, puis il est revenu et l'a tendu à Luca, comme si rien ne s'était jamais passé. Luca m'a passé le bidon, et je me suis empressée de boire. Ils me faisaient signe tous deux d'y aller doucement; j'essayais de me retenir, mais j'avalais goulûment cette eau divine, cette douce et pure eau qui... goûtait le carburant. Nous étions maintenant habitués à ce goût fétide; les hommes employaient souvent le même tuyau pour remplir les réservoirs d'essence et les jerrycans d'eau.

Quel délice, tout de même! J'ai tendu le bidon à Luca pour qu'il étanche sa soif à son tour. Quant à Barbe Rousse, il est retourné vers les hommes, content et satisfait de quelque chose que nous ignorions.

Chapitre 18

Lunettes

LA NUIT QUI A SUIVI le retour de Barbe Rousse a été horrible : j'avais atrocement mal aux reins. Le bas de mon dos semblait brûler de l'intérieur, et j'essayais tant bien que mal de trouver une position confortable. La douleur irradiait et il n'y avait rien à faire pour la soulager.

Le lendemain matin, j'ai expliqué à Luca combien j'avais mal. Il aurait bien voulu m'aider, mais il n'y avait pas grand-chose à faire. En me touchant le front, il a semblé inquiet : j'étais brûlante de fièvre. Il m'a suggéré de boire de l'eau et j'ai obéi. Il devait avoir raison : c'était sûrement la déshydratation qui me causait ces souffrances. Par chance, vers la fin de la journée, mes douleurs se sont un peu atténuées.

Soudain, le bruit d'un moteur au loin. Encore de la visite ? Il y avait beaucoup de mouvement depuis notre déplacement d'urgence. La nuit était déjà tombée lorsque Barbe Rousse s'est amené au bord de notre trou avec un nouvel inconnu. Il a dirigé la lumière de sa lampe de poche en plein sur mon visage, et j'ai grimacé. En me pointant du doigt, Barbe Rousse a lancé :

— Madame !

Je crois qu'il voulait que son comparse me voie. Ils sont repartis aussitôt. Je ne devais pas avoir très bonne mine, à en juger par les deux gros cernes noirs autour des yeux de Luca. De plus, la perte de masse musculaire l'avait transformé en squelette. Il en allait sûrement de même pour moi, je ne voyais plus que mes os, et j'avais la peau complètement déshydratée. Je n'étais plus que l'ombre de moi-même.

Le jour suivant, j'ai dit à Luca que je songeais à recommencer à m'alimenter. Le manque d'eau nous avait anéantis, et je ne donnais pas cher de notre peau si nous ne mangions pas bientôt. Comme Luca avait été très inquiet pour moi la veille, il s'est rangé à mon avis.

— Va demander du lait, lui ai-je suggéré. Dis-leur que madame ne va pas bien.

Luca s'est exécuté, puis il est revenu avec l'inconnu de la veille. Celui-ci s'est penché dans l'abri et m'a demandé ce qui se passait. Ce visiteur parlait français ! Quel miracle ! À son aspect, il semblait être un homme important, plus haut placé que nos gardiens. Il était bien habillé et portait des lunettes. D'ailleurs, nous l'avons baptisé Lunettes.

Luca lui a expliqué que nous n'avions pas mangé depuis vingt-cinq jours et que je n'allais pas bien. L'homme nous a demandé de patienter, qu'il devait aller faire un appel. J'étais soulagée. Il semblait gentil, ce monsieur Lunettes. Je veux dire, par comparaison avec les autres. Peu après, il est revenu avec un verre de lait et nous a dit de boire à petites gorgées. Il n'avait pas réussi à trouver de lait concentré ni de lait en poudre, alors il nous avait donné du lait de chamelle. Comme ce dernier est extrêmement nutritif, et compte tenu de notre jeûne prolongé, il fallait l'avaler tout doucement. Pendant que nous buvions, l'homme nous a expliqué qu'il était venu faire une vidéo de nous, vidéo qu'il transmettrait à nos familles. Il nous a suggéré de prendre une douche d'abord.

— Nous n'avons pas de savon, a dit Luca.

— Ah non ? a fait l'homme, surpris. Je reviens...

Nous n'avions pas pris de douche depuis six semaines. Depuis la fuite dans le désert. J'étais contente de pouvoir enfin me laver un peu. C'est fou comme des choses si banales prennent une tout autre dimension lorsque nous avons éprouvé leur absence.

Nous avons donc tourné cette courte vidéo pour nos familles. Une preuve de vie. (J'ai appris, une fois sortie de cet enfer, que ma famille ne l'a jamais reçue.) Lunettes est ensuite reparti à dos de chameau avec d'autres individus. Puis un type est arrivé à moto, a délivré un message aux gardiens et a disparu. Le soir même, un nouveau véhicule a fait son apparition. Il y avait du va-et-vient. Quelque chose se préparait, mais, comme d'habitude, nous n'y comprenions rien.

Le lendemain matin, Dentonné nous a apporté un bout de pain pour le petit déjeuner, puis, vers dix heures, Barbe Rousse a surgi devant notre abri.

— Madame ! a-t-il beuglé en désignant d'un geste mes chaussures et ma couverture.

Luca s'est aussitôt raidi, craignant que Barbe Rousse veuille encore une fois partir avec moi.

— Qu'est-ce qui se passe ? Je n'aime pas ça ! Madame va où ?

— Madame Canada, a répondu le vieil homme en montrant le ciel.

Quoi ? J'allais au Canada ? Et Luca, lui ? J'ai fixé Barbe Rousse du regard en disant :

— Monsieur ?

Il nous a expliqué que Luca partirait plus tard.

— Un mois, deux mois, trois mois, monsieur Italie.

Nous étions assommés. Nous ne bougions plus, ne sachant pas comment réagir. Barbe Rousse m'a montré la camionnette garée un peu plus loin. Je lui ai fait signe d'attendre un peu et je me suis tournée vers Luca, les yeux remplis de larmes.

— Je ne peux pas te laisser tout seul ici.

— Ne t'inquiète pas, le Canada a simplement travaillé plus vite que l'Italie.

Je me suis blottie dans ses bras. Je ne peux pas décrire la tristesse que je ressentais. Il était tout petit, frêle, si différent de l'homme sportif et énergique auquel j'étais habituée. Maintenant, j'allais laisser derrière moi l'ombre de l'homme que j'avais connu. Je savais que je ne pouvais pas m'opposer aux décisions de nos ravisseurs, que je devais quitter Luca, l'abandonner à son sort. J'avais le ventre noué, et ma tristesse coulait, coulait et coulait.

Barbe Rousse en avait assez, alors il m'a fait signe de prendre ma couverture et de le suivre jusqu'à la camionnette. Mais je n'arrivais pas à la porter : j'étais devenue si faible qu'elle était désormais trop lourde pour moi. Il a fallu que le chauffeur l'apporte jusqu'au véhicule. Je n'osais plus me retourner vers Luca, j'étais trop déchirée. J'aurais voulu me battre, mais je connaissais bien les méthodes de ces hommes et je savais que ça ne me mènerait à rien.

Au moment où nous quittions le campement, j'ai puisé dans mes ultimes forces le courage de lancer un dernier regard à Luca. Cet homme admirable avait pris soin de moi du mieux qu'il le pouvait, il s'était battu pour moi. Maintenant, immobile, il me regardait partir. J'essayais de retenir mes larmes, je ne voulais pas montrer au chauffeur la profondeur de mon désespoir.

Nous étions le 4 mars 2019, soixante-dix-septième jour de notre captivité.

Un jour sinistre.

Déchirure

Un tremblement sillonnait la terre,
Déchirant le sol sur son passage,
Aspirant tous les êtres trop téméraires
Qui oseraient traverser en voyage...

J'avais les mains tendues vers lui,
Perdant les siennes vers l'autre rivage.
Une faille nous a séparés sans faire de bruit
Qui nous aurait avertis de ses ravages...

J'ai crié pour que tout puisse s'arrêter,
Mais l'écho s'est enfoncé dans le gouffre,
Rebondissant sans fin dans l'obscurité,
Jusqu'à l'endroit où les âmes souffrent.

25 mars 2019   98e jour de captivité

Section V   LES FEMMES

Jour 77 au jour 240 de captivité

La dame des dunes ensoleillées

Couchée dans l'ombre de la nuit,
Perdue sur une terre oubliée,
Se trouvait sous les astres infinis
La dame des dunes ensoleillées…

Une étoile éclata en images inventées,
Ricochant en cadence dans l'Univers,
S'enfonçant au cœur d'une terre asséchée,
Tombant tout autour de la dame du désert…

La vie s'était mise à germer,
Poussant en une grande oasis divine,
Réveillant la dame tout en beauté,
Avec le souffle d'une chaleur serpentine…

La lumière brillait par intermittence
Sur les ailes qui battaient, à peine dessinées,
D'une libellule qui soudain partit en errance,
Volant partout dans son oasis colorée…

Soleil, du plus haut de son perchoir,
Valsait avec la dame sans âge,
Mais le désert était le seul à savoir
Que cette dame ne naissait qu'à l'intérieur des mirages.

22 mars 2019   95e jour de captivité

Chapitre 19

La
tente
blanche

NOUS AVONS TRAVERSÉ LES DUNES sur une centaine de kilomètres. Le paysage bleu et jaune défilait sous mes yeux, se répétant à l'infini, mais j'y prêtais peu attention. Je ne me préoccupais pas davantage de la conduite de cet autre cowboy des sables.

Je réfléchissais maintenant à la manière de tirer Luca de cet enfer, mais aucune idée ne me semblait bonne. Barbe Rousse nous avait dit que, d'ici deux ou trois mois, Luca pourrait rentrer en Italie, et je me raccrochais tant bien que mal à cet espoir, mais le cœur n'y était pas. J'avais même du mal à croire que j'étais réellement en route pour le Canada. Nous n'en étions pas à un mensonge près avec eux. L'idée d'être séparée de Luca et incapable de l'aider m'anéantissait. J'étais complètement écœurée.

Le jeune chauffeur semblait chercher quelque chose, et je suis revenue à la réalité. Il y avait un autre homme à l'arrière, dans la caisse de la camionnette. Plutôt jeune lui aussi, c'était le pelleteur ; son rôle était de dégager le véhicule quand il s'enlisait dans le sable. C'était la première fois que je voyageais accompagnée de deux hommes seulement. Habituellement, ils se déplaçaient en groupe de six. Nous nous sommes arrêtés près d'un puits, le chauffeur est sorti et en a fait le tour, balayant le sable du regard. Il semblait chercher des traces. N'ayant pas trouvé ce qu'il cherchait, il a repris le volant et nous avons roulé jusqu'à une autre dune. Cette fois, c'est le pelleteur qui est descendu. Il est parti à pied, je l'ai perdu de vue. Il est revenu bredouille au bout d'une vingtaine de minutes. Nous avons poursuivi notre route. De temps à autre, le pelleteur donnait des coups sur la cabine pour signaler des choses au chauffeur. Évidemment, je ne savais pas de quoi il était question.

À un moment donné, nous nous sommes arrêtés de nouveau. Le chauffeur est sorti du pick-up et a tiré une trentaine de coups de feu en l'air. Il a vidé les deux kalachnikovs. C'était étrange, et, comme toujours, je ne comprenais rien à leurs manœuvres. Peu après, en guise de repas du midi, je sirotais le lait que les deux gars m'avaient préparé. Le chauffeur scrutait maintenant l'horizon avec ses jumelles.

Nous sommes repartis, avons roulé pendant une demi-heure et atteint un campement où six hommes réunis autour d'un feu nous ont fait signe. Le chauffeur a pris ma couverture et l'a étendue sous un arbre, quelques mètres plus loin, puis il m'a ordonné de m'asseoir et de rester là. J'ai attendu une heure avant de voir apparaître deux inconnus enturbannés. Ils m'ont fait signe de me lever et de les suivre; je me suis exécutée à grand-peine. Étourdie, j'avais encore du mal à traîner ma couverture. La chaleur était trop intense pour mon corps épuisé.

Nous avons escaladé une petite dune et, au bas de l'autre versant, il y avait une tente blanche. Les hommes m'ont escortée jusqu'à cet abri mystérieux. Assises à l'intérieur, deux femmes me dévisageaient. Étaient-ce des femmes du désert? Les épouses de ces hommes?

L'une d'elles semblait en état de choc, elle regardait dans le vide. Quant à l'autre, j'ai eu l'impression que c'était une guérisseuse. Peut-être que nos ravisseurs voulaient me remettre un peu sur pied avant de me renvoyer au Canada. Ces deux femmes avaient la peau foncée, brûlée par le soleil du désert. Pendant que je les observais, j'ai entendu la voix d'une autre femme derrière moi. J'ai remarqué qu'elle arrivait d'un abri dissimulé sous les branches d'un acacia. Elle parlait le tamasheq, la langue des Touaregs, et elle s'est entretenue avec les deux hommes qui m'escortaient. Les Arabes du désert semblaient comprendre les bases de la langue tamasheq. Souvent, ils parlaient le hassanya ou bien l'arabe. Après cette discussion, les deux hommes enturbannés ont quitté les lieux, et la femme est retournée dans son abri chercher du shampoing, du savon, une brosse à dents et une boîte de sardines.

— Tiens, c'est pour toi, m'a-t-elle dit. Tu peux entrer dans la tente avec les deux autres femmes.

Eh bien! La femme qui parlait le tamasheq parlait aussi français!

— Vous parlez bien le français, me suis-je étonnée.

— Entre, il fait chaud. Les hommes viendront te porter de l'eau pour que tu puisses te laver.

J'ai remercié la femme qui s'éloignait déjà vers son acacia. J'ai appris plus tard qu'on l'avait séparée des deux autres femmes parce que des conflits éclataient souvent entre elles.

Je me suis tournée vers la guérisseuse et lui ai souri.

— Bonjour! m'a-t-elle saluée en souriant à son tour.

— Vous parlez aussi le français? me suis-je exclamée, surprise.

— Oui! Et elle, dit-elle en désignant l'autre femme, celle qui regardait dans le vide, le parle aussi bien. Quand nous sommes ensemble, nous parlons français.

Ce n'était donc pas des femmes du désert.

— Qui êtes-vous?

La guérisseuse m'a observée longuement avant de m'expliquer:

— Nous sommes des otages. Voilà trois ans que la femme qui habite sous l'acacia est détenue dans le désert. Moi, ça fait deux ans et demi, et la religieuse, deux ans.

Deux ans? Trois ans? Je n'en revenais pas.

— Et toi, qui es-tu?

— Moi, ils me gardent depuis trois mois, mais ils m'ont dit que j'allais sortir d'ici aujourd'hui.

J'étais estomaquée, car je commençais à comprendre.

— Je suis désolée, mais je ne crois pas que tu sortes du désert tout de suite, m'a-t-elle annoncé avec une grande délicatesse.

Elle me regardait avec des yeux remplis de tristesse, puis elle a baissé le regard sur le shampoing, le savon, la brosse à dents et les sardines que je tenais précieusement. C'est alors que j'ai entendu passer la camionnette, qui repartait pour de bon... Tout semblait indiquer qu'on m'avait déposée ici pour quelques années. La réalité m'a frappée en plein cœur et ça m'a fait mal... Deux ans, trois ans... Et, moi, seulement trois mois !

La guérisseuse m'a ensuite raconté son histoire. De toute ma vie, jamais je n'avais vu un regard si triste. Et son récit était l'un des plus bouleversants, des plus poignants, mais aussi des plus frustrants que j'avais jamais entendus. J'en avais les larmes aux yeux et le cœur déchiré.

Par souci de confidentialité, je tairai les noms réels de ces femmes magnifiques. La guérisseuse, je l'appellerai Élisabeth. La femme au regard vide, je la nommerai Linda, qui veut dire « belle » en espagnol, et la dame de l'arbre, Mirage.

Une fois son récit terminé, Élisabeth s'est tournée vers Linda pour lui dire :

— Toi aussi, raconte-lui ton histoire.

Mais Linda, les yeux éteints, n'a pas répondu, n'a pas bougé. Élisabeth m'a alors expliqué que Linda avait eu un choc parce qu'elle ne s'attendait pas à recevoir une nouvelle invitée. C'est donc Élisabeth qui m'a raconté l'histoire de la femme muette. Quelle horreur ! Ces deux femmes avaient consacré leur vie à sauver des gens, et maintenant elles servaient d'otages. Entendre de telles injustices me bouleversait et me scandalisait profondément.

Cette nuit-là, je n'ai pas dormi, mais je me suis mise à flotter, comme si mes pieds ne touchaient plus le sol et que ma tête voguait au hasard, dans le vide, détachée de la réalité. J'ai éprouvé cette sensation pendant une semaine.

Chapitre 20

Les poèmes

PENDANT LEUR LONGUE CAPTIVITÉ, les femmes avaient reçu quelques objets fort utiles. Par exemple un coupe-ongles, une aiguille à coudre, un miroir de poche, une brosse à dents et une théière.

Linda m'a prêté son miroir pour que je puisse me décrasser le visage. Je ne m'étais pas bien lavée depuis plus d'un mois. Quelle horreur ! Je me souviens encore du choc que j'ai éprouvé en me regardant à nouveau. Je m'étais transformée en bête ! Sûrement à cause de la déshydratation, j'avais la peau plus plissée que celle d'une femme d'âge mûr ! J'avais le tour des yeux sombre, grisâtre, presque noir. Tous mes os saillaient, je ressemblais à un squelette. Ce n'était pas une figure de femme que je fixais du regard, et certainement pas la mienne. C'était plutôt celle d'une pauvre créature qu'on aurait trouvée en lambeaux. Je me suis même demandé si je retrouverais un jour mon ancien visage, lisse et coloré, ou si je resterais marquée à jamais par cette épreuve. J'aurais voulu dire aux femmes que je ne ressemblais pas à ça dans la réalité, mais je crois qu'elles le savaient. Elles avaient probablement déjà compris ma souffrance, tout comme je pouvais voir la leur dans chacun de leurs regards.

Heureusement, il y aurait aussi de beaux moments dans cette calamité. Élisabeth avait un cahier et un stylo ; des objets qui, à mes yeux, venaient tout droit du paradis. J'imaginais combien le temps passerait un peu plus vite si je pouvais écrire des poèmes. Dans le campement des femmes, on réussissait toujours à trouver des bouts de carton, notamment quand on recevait de la nourriture ou des boîtes de thé. Il ne me manquait qu'un stylo, et voilà qu'il y en avait un à côté d'Élisabeth. Il brillait dans la lumière... Et puis, le 19 mars 2019, deux semaines après mon arrivée, j'ai enfin osé lui demander :

— Croyez-vous que je pourrais emprunter votre stylo, le temps d'écrire un poème ?

— Mais bien sûr ! m'a répondu Élisabeth, heureuse de pouvoir me faire plaisir.

Elle m'a aussitôt tendu son fabuleux trésor. Empressée de lui témoigner ma gratitude, je lui ai demandé de me dire le premier mot qui lui viendrait à l'esprit.

— Eh bien, a-t-elle répondu, j'adore la lumière. Voilà ton mot : lumière.

C'était parfait, elle avait joué le jeu, je pourrais lui composer un poème. J'aimais Élisabeth, cette femme admirable au grand cœur. Malheureusement, elle souffrait beaucoup parce qu'elle avait une tumeur de la grosseur d'un cantaloup au sein droit. Elle était aussi affaiblie par la dénutrition et l'inactivité physique. Elle avait plus de 70 ans et vivait dans des conditions inimaginables. De temps en temps, un homme passait au campement pour lui donner quelques médicaments. Il se disait médecin, mais, d'après Élisabeth, il ne l'était pas. Elle m'a aussi raconté qu'il avait un jour marché sur une mine, ce qui expliquait pourquoi il avait une jambe artificielle.

Mirage et Linda souffraient elles aussi, mais psychologiquement : elles entendaient des voix dans leur tête. Je sais que, dans le cas de Linda, c'était dû au choc traumatique qu'elle avait subi au moment de son enlèvement par des petits bandits qui l'avaient ensuite remise au Groupe de soutien à l'islam et aux musulmans (GSIM), la branche d'Al-Qaïda au Sahel responsable de notre détention forcée. Le jour du rapt, les assaillants étaient entrés dans l'orphelinat où elle œuvrait et ils avaient exigé de l'argent. Malheureusement, les sœurs n'avaient rien à leur donner, ce qu'elles possédaient était insuffisant. Linda avait alors supplié ces hommes de laisser les autres femmes tranquilles : s'ils devaient faire du mal à quelqu'un, elle leur demandait de la prendre, elle, car elle était la plus vieille des quatre. D'un mouvement de leurs kalachnikovs, ils lui avaient donc fait signe de les suivre, et ils étaient partis à moto vers le nord. Ils avaient roulé pendant cinq ou six jours, jusqu'à ce que Linda et Élisabeth soient réunies. Ainsi, le choc, l'épuisement et la terreur avaient eu raison de ses facultés mentales.

La voix que Linda entendait était celle d'un vieillard qui la martyrisait jour et nuit. Il proférait des paroles si horribles qu'elle se mettait parfois à crier de désespoir ou qu'elle était prise de haut-le-cœur. À certains moments, cette femme pourtant douce et soumise s'insurgeait contre la voix pour la faire taire. Alors elle parlait dans le vide. Comment pouvions-nous l'aider ? J'ai essayé une fois de lui expliquer ce phénomène auquel elle était en proie, mais elle ne semblait pas comprendre ce que je disais. Elle répétait que la voix était réelle parce qu'elle l'entendait dans ses oreilles. Elle croyait que c'était un des moudjahidines qui la harcelait sous le prétexte qu'elle n'aimait pas le bon dieu. Il voulait qu'elle se convertisse à l'islam, alors il l'accablait de tous ses péchés, réels ou inventés, pour la déstabiliser.

Après mon intervention, la fréquence et l'intensité des tortures perpétrées par cette voix ont augmenté. Je me sentais démunie, j'ignorais comment tirer Linda de cette folie. Une femme si généreuse, si douce, si fragile ne pouvait-elle pas avoir un moment d'accalmie ? Comme si l'épreuve des journées interminables ne suffisait pas, elle dormait mal. Ses nuits aussi étaient sans fin... Nous pouvions voir, par ses traits tirés, qu'elle était exténuée. Heureusement, elle avait trouvé quelques astuces pour survivre aux attaques psychologiques du vieux moudjahidine. Parfois, elle chantait à longueur de journée dans l'espoir de couvrir la voix maléfique. J'avais le cœur en mille morceaux parce que nous n'avions aucune ressource pour la soulager.

Quant à Mirage, elle avait été seule pendant un an, avant l'arrivée des deux autres femmes. Privée de tout — de contacts, de joies, de rires, de compassion et d'amitié —, elle s'était morfondue dans l'isolement, la tristesse et le désespoir, écrasée sous les menaces constantes, dévastée par l'incompréhension et la peur. Aujourd'hui, je sais que la vie dans ces conditions peut vous rendre très, très malade. Je ne sais pas si Mirage était malade avant d'être enlevée, mais quand je l'ai connue elle n'était plus saine d'esprit et avait le don d'énerver les autres, particulièrement ses geôliers.

Comment pouvait-on traiter ainsi des femmes qui avaient voué leur vie aux plus démunis ? Personne ne mérite de tant souffrir au nom d'Allah. Elles étaient aussi croyantes que leurs ravisseurs, mais leur dieu ne portait pas le même nom. Les moudjahidines les jugeaient donc indignes. Comme ces femmes seraient condamnées au ciel lors du jugement dernier, ces hommes n'avaient aucun scrupule à les condamner d'avance sur terre. C'était un avant-goût de l'enfer que leur donnaient ces annonciateurs drapés dans leurs vérités et leur morale implacable.

Personnellement, je croyais à la Vie, en une force supérieure, mais pas à la religion ni à la notion de jugement divin que j'estimais arbitraire.

Depuis que les hommes sont sur terre, il y a toujours eu des dieux, mais ceux-ci changent, se multiplient ; parfois on les oublie, parfois ils font partie de l'histoire. Ils peuvent ressembler à des hommes ou à des animaux, voire à des demi-hommes, à des demi-animaux. Mais où était donc le paradis des islamistes avant les révélations du prophète ? Était-il vide ? Dieu attendait-il impatiemment la fondation de la bonne religion pour se décider à occuper le ciel ? Non, j'ai toujours préféré croire à la Vie plutôt que de penser que j'avais embrassé la bonne religion et que j'étais née sur le bon continent, ou dans le bon pays, ou que j'avais la bonne couleur de peau. La beauté est dans la diversité, et la religion fait tout simplement partie de la culture d'un peuple. Elle peut même être belle si on ne l'utilise pas pour justifier la violence.

« Dame Lumière » est le titre du tout premier poème que j'ai écrit en captivité. Je l'ai dédié à ma dame Lumière : Élisabeth. Lorsque je le lui ai fait lire, elle s'est exclamée :

— Ouah ! C'est excellent ! Tu as du talent ! Je te suggère d'écrire un recueil de poésie pendant que tu es avec nous. Je te prête mon stylo, utilise-le quand tu veux.

Élisabeth était une femme très encourageante. Elle aimait nous dire que, dans tout malheur, une porte peut s'ouvrir. Par sa bonté, elle m'avait offert la mienne, ma porte. Ce cadeau me permettrait de m'envoler, de faire sortir mon âme de cette cage où le temps s'éternisait.

Je l'ai écoutée et j'ai écrit pratiquement un poème par jour. Malheureusement, je n'ai pas pu les garder tous.

Lorsque j'ai enfin recouvré ma liberté, j'ai sauvé cinquante-sept poèmes. Je les ai emportés dans un sac caché à ma taille, sous mes vêtements, au risque de les perdre si mes kidnappeurs me rattrapaient.

Cinquante-sept poèmes et un bidon d'eau...

Dame Lumière

Une lumière serpentait sur les eaux,
Reflétant son spectre ancestral,
Déambulant avec sa traîne en lambeaux,
Se ridant sur une rivière en cavale...

Un regard miroitait, chancelant,
Puis éclatait en mille morceaux
Sur la rivière qui coulait avidement,
Laissant glisser un visage sur son eau...

Une main pénétra la lumière,
Abreuvant une dame assoiffée
De la vie, digne d'une grande rivière
Qui parcourait un désert asséché.

19 mars 2019   92e jour de captivité

Chapitre 21

Cinq mois

J'AI VÉCU AVEC LES FEMMES du 4 mars au 15 août 2019, dans quatre campements différents. Le mois de mai là-bas est le plus chaud de l'année ; il peut faire 50 °C à l'ombre. Malheureusement, notre ration d'eau quotidienne était nettement insuffisante. J'aurais voulu boire plus, mon corps le réclamait, mais nous devions nous restreindre. Les puits étaient souvent éloignés des campements et avaient tendance à s'assécher pendant la saison chaude. Quand je parle de « campement », je veux bien sûr parler d'une zone qui comprenait au moins deux acacias cachés par les dunes. C'était dans ces lieux que nous montions et démontions les tentes. Les chauffeurs choisissaient notre nouveau territoire temporaire en circulant dans le désert. Nous devions toujours être en mouvement, sans jamais laisser la moindre trace derrière nous.

J'ai appris à cuisiner avec ce que nous avions. Par exemple, j'ai fabriqué du fromage de façon très rustique pendant la saison chaude. Je dissolvais du lait en poudre dans de l'eau avec un peu de sel, puis je plaçais le pot en plein soleil. Deux jours plus tard, nous avions du fromage. Il ne restait plus qu'à le laisser s'égoutter dans du tissu. C'était la méthode des Touaregs. Ce n'est pas plus compliqué que ça dans le désert.

Le peuple du désert prépare aussi du pain sous le sable ; j'avais appris comment faire en observant Barbe Rousse. Il s'agit de creuser un trou dans le sable, d'y allumer un feu et d'attendre que se forment des charbons ardents. Par la suite, on enlève ces braises et on dépose le pain plat au fond du trou, sur le sable noir et brûlant. On saupoudre le pain de sable blond pour le protéger des charbons ardents qu'on remet dessus. Enfin, on recouvre le tout de sable. Ainsi, le trou se transforme en un petit four dans lequel le pain cuit à l'étouffée. Il ne reste plus qu'à patienter. Une fois le pain cuit, on le déterre et on le frappe pour le débarrasser du sable qui s'y est collé.

Nous n'avions pas beaucoup d'ingrédients, mais, par chance, je suis cuisinière de métier, et avec un peu d'imagination j'arrivais à diversifier les repas. Ça me tenait occupée, et les femmes étaient heureuses, car elles avaient l'habitude de ne manger que du riz ou des pâtes à l'huile ou au concentré de tomate.

Linda aimait s'occuper à la broderie. Au fil des mois, Mirage et elle avaient récupéré des morceaux d'anciennes bâches qui avaient servi de tentes. Elles avaient aussi trouvé des fils blancs dans la trame de ces bâches et quelques fils de couleurs provenant de foulards ou de bouts de tissu.

Un jour, Linda m'a offert un sac qu'elle avait brodé ; il était décoré de jolies fleurs. J'aimais beaucoup ce petit sac, j'y mettais mon savon, mon shampoing et ma brosse à dents. J'avais passé trois mois sans me brosser les dents et je ne connaissais pas encore la méthode des Africains, qui consiste à mâcher des tiges ou des racines d'acacia pour se nettoyer les dents. Une brosse à dents est une chose magnifique !

Très généreuse, Linda m'avait aussi donné une de ses couvertures, pour que j'aie moins froid la nuit, une paire de chaussettes et un vêtement traditionnel des hommes du désert. Elle m'aurait donné davantage si elle avait pu. J'étais entourée de femmes extraordinaires, sincèrement généreuses, humaines et compatissantes. Elles prêtaient main-forte à n'importe qui, pansaient ses blessures sans égard à sa religion, à ses croyances, à la couleur de sa peau. Elles avaient sauvé des centaines d'orphelins qui autrement n'auraient pas survécu à la rudesse de la vie au Mali.

Un jour, Élisabeth m'a raconté qu'elle avait rescapé un nourrisson abandonné sur un tas d'ordures. Elle avait aussi emmené chez elle des poupons qui étaient dans un état critique, pour les surveiller la nuit durant. Dès qu'ils étaient hors de danger, elle les ramenait à l'orphelinat. Ces femmes donnaient sans compter. Le sort des otages était aussi très dur, mais elles sacrifiaient ce qu'elles pouvaient pour soulager autrui. Je les aimais tellement ! Mon cœur se déchire quand je pense à elles, toujours prisonnières dans ce désert à espérer à chaque instant la nouvelle de leur libération. Je revois tous les jours dans mes souvenirs mes chères amies, et le simple fait de penser à leurs souffrances me coupe le souffle.

Désireuse de leur offrir moi aussi un cadeau, je me suis rendu compte un jour que j'avais sur moi quelque chose d'inestimable. J'ai toujours aimé avoir des décorations dans les cheveux, et j'avais, l'année précédente, entouré quelques-uns de mes dreadlocks de jolis fils colorés. J'avais dans les cheveux un paradis de teintes vives ! J'ai donc proposé à Linda d'enlever les fils de mes dreadlocks pour les utiliser dans les broderies. Cette femme au cœur d'or m'avait donné des bouts de tissu et me prêtait parfois son aiguille, alors, à tour de rôle, nous avons décoré nos sacs de jolies couleurs vibrantes — des rouges, des orangés, des jaunes, des bleus et des pourpres, il y a avait tout l'arc-en-ciel !

Par ailleurs, nous étions loin d'être les seules habitantes de ce désert : il y avait aussi les mouches. Et je ne dis pas ça à la légère. Elles étaient innombrables et semblaient devenir complètement folles en apercevant des êtres vivants. Elles se ruaient dans nos narines, nos yeux, notre bouche et nos oreilles, attirées par les muqueuses. Comment vous expliquer ? Un matin, très tôt, à mon retour des toilettes, j'ai entendu Élisabeth dire :

— Cent quarante-huit ! À cent cinquante, j'arrête de les compter.

— Tu comptes quoi, au juste ? lui ai-je demandé.

— Les mouches que je tue.

Cela révèle deux choses : nous n'avions rien à faire ; et il y avait beaucoup trop de mouches.

On ne peut pas dire que le désert soit un endroit zen. Nous étions attaquées chaque seconde, sans répit et à longueur de journée, par ces insectes déments. Les lézards profitaient de ces tueries massives, car Linda et Élisabeth s'empressaient de les nourrir de mouches mortes. Il y avait aussi des scorpions et des vipères dans notre désert.

Personnellement, je n'ai jamais eu d'accrochage avec ces bestioles, mais comme je ne voyais pas grand-chose sans mes verres de contact, j'en ai peut-être frôlé quelques-unes sans m'en rendre compte.

Le matin, nous trouvions souvent des traces de serpents autour de la tente, mais, heureusement, il n'y a jamais eu d'accident. Élisabeth s'était bien réveillée un jour avec un scorpion dans son pantalon, et une autre fois avec un serpent lové près de sa tête, mais il y avait eu plus de peur que de mal. Les seuls êtres qui ont souffert ont été ces pauvres bêtes, mises à mort par les hommes alertés de leur présence par Mirage.

Dans le désert, il y avait aussi des oiseaux. Un après-midi particulièrement torride, une jeune oiselle, cherchant sans doute à se protéger de la chaleur, est entrée sous la tente et s'est cachée derrière mon sac de couvertures. J'avais remarqué que les oiseaux avaient du mal à survivre dans cette zone désertique pendant la saison chaude. Élisabeth a versé de l'eau dans une boîte et l'a déposée à côté de mon sac.

— Elle est jolie, nous pourrions l'appeler Nuage, ai-je lancé.

J'observais l'oiselle qui avait quitté sa cachette afin de boire de l'eau. Les femmes ont acquiescé, car le nom de Nuage lui allait à merveille !

Nuage venait et repartait pendant toute la journée ; mon sac était devenu sa petite maison. Quelques jours plus tard, elle a ramené avec elle deux de ses sœurs. L'une d'elles s'est cachée derrière le sac de Linda, et l'autre a fait sa maison chez Élisabeth. Chacune de nous trois s'occupait donc de son oiselle. Nous leur donnions du pain à manger et de l'eau fraîche à boire.

Ces jeunes oiselles grandissaient vite, devenant peu à peu des oiseaux. Chacune avait son caractère : la mienne était la plus téméraire, celle d'Élisabeth, la plus délicate et la plus discrète, et celle de Linda avait un instinct territorial très développé. Elles venaient manger dans nos mains, se posaient sur notre tête, nos épaules, nos pieds ou nos bras, attendant que nous les nourrissions. Grâce à elles, les journées passaient plus vite... Un jour, nous avons malheureusement dû changer de campement, et cette histoire magique a pris fin.

À l'image du désert, notre vie de captives comportait 99 % d'aridité et 1 % d'abondance. Juste assez pour nous permettre de survivre une journée de plus.

Jardin secret

Cachée, perdue à l'intérieur des lumières,
Là où la noirceur ne pouvait s'approcher,
Se trouvait une petite parcelle de terre,
Aveuglant les ombres de lumières épurées...

La pénombre rôdait tout autour,
Reniflant les éclats de pureté.
Ce parfum enivrant, sur son parcours,
L'attirait au soir où elle était née...

La vie dissimulait son jardin secret,
L'entourant de ses veines lumineuses.
Son cœur battait sans être inquiet,
Sur sa terre brillante, un peu vaporeuse...

Dans ce jardin poussaient des arbres enlacés,
S'enracinant dans les brumes des mystères.
La nature s'était un peu évaporée
Et resplendissait d'allures imaginaires...

La lune et le soleil pouvaient enfin s'unir,
Partageant ensemble la même sphère.
Ils changeaient de couleur sans jamais prévenir,
Tels des bijoux que la nature portait en l'air...

Une rivière traversait le jardin

D'où s'écoulaient les battements de l'onde.

Elle emportait sur ses courants des secrets divins

Qui abreuvaient la terre et nourrissaient le monde...

Les seuls passants pouvant y pénétrer

Étaient les âmes en transition éternelle.

La porte s'ouvrait devant les âmes libérées

Qui voyageaient vers un infini spirituel.

18 août 2019 244e jour de captivité

Chapitre 22

Tempêtes sahariennes

DANS LA RÉGION OÙ JE ME TROUVAIS avec les femmes, la saison des pluies s'étendait de la mi-juillet à la mi-septembre. Nous n'étions pas dans le désert le plus reculé où rien ne peut survivre. On trouvait parfois des acacias, quelques buissons et des touffes d'herbes hautes qui poussaient à travers le sable. Là, rien n'était doux : les plantes étaient épineuses, la chaleur, suffocante, les araignées et les scorpions, venimeux, les mouches, folles ; les hommes portaient des armes et les tempêtes étaient d'une furie sans nom...

Pendant la saison des pluies, les nuits étaient encore très chaudes, donc l'atmosphère était encore plus lourde et plus humide. Il faisait tellement chaud dans la tente que nous devions dormir dehors. Élisabeth m'avait dit que la pluie se mettrait à tomber vers le 15 juillet. J'imagine que dame Nature avait hâte de me montrer ce dont elle était capable, car la première ondée a été hâtive...

La journée du 9 juillet 2019 avait été insupportable de chaleur et d'humidité. Élisabeth regardait au loin ; les nuages étaient noirs et les éclairs sillonnaient le ciel. L'orage grondait à quelques kilomètres et semblait venir vers nous.

— Peut-être va-t-il changer de route et passer au large, a-t-elle lancé.

— Il vaudrait peut-être mieux dormir sous la tente cette nuit, a proposé Linda, elle aussi habituée aux tempêtes du désert.

Cette dernière m'a expliqué que nous n'aurions pas beaucoup de temps pour nous abriter lorsque la tempête arriverait. Mieux valait peut-être rentrer immédiatement sous la tente, attacher toutes nos affaires et fixer solidement la bâche dans le sable.

— Non, a répondu Élisabeth, je crois que la tempête va bifurquer, les vents tournent.

Elle a suggéré de ranger nos affaires dans la tente, par précaution, mais de dormir quand même dehors. Il faisait si chaud que l'enfermement était une solution de dernier recours, et seulement pour nous protéger pendant la tempête, si jamais celle-ci nous frappait.

Or, le ciel rugissait tel un lion sur sa proie. Les nuages tourbillonnaient dans leur noirceur inquiétante, et la foudre lacérait le ciel. Je trouvais que ces nuées et ces ombres s'avançaient drôlement vite vers notre campement. Les hommes, plus loin, cachaient eux aussi leurs affaires sous une bâche. Nous ne pouvions rien faire d'autre que d'attendre et d'espérer. Je me suis endormie sur cette grande scène théâtrale où la nuit valsait avec les éléments. C'était grandiose.

Un vent bourru et rêche m'a tirée du sommeil au beau milieu de la nuit, alors que le sable me recouvrait déjà. Je me suis mise à chercher mes deux compagnes dans les rafales qui m'aveuglaient. Le sable s'infiltrait partout et me blessait les yeux, mais j'ai fini par apercevoir Élisabeth et Linda qui luttaient contre les intempéries pour mettre leurs couvertures à l'abri dans la tente. Nous devions faire vite, car la pluie pouvait se mettre à tomber d'une minute à l'autre. Le vent avait emporté quelques précieuses marchandises, et le sable avait déjà enseveli une bonne partie de nos affaires sous la bâche.

— Ferme toutes les ouvertures! m'a crié Linda.

Je m'efforçais de faire ce qu'elle me demandait, mais le vent se bagarrait fort avec moi, tirait sur la bâche, refusait que je lui interdise le passage. Finalement, nous avons été incapables de fermer les ouvertures, Éole a eu raison de nos efforts! Des trombes de pluie se sont alors mises à tomber, et nous nous sommes réfugiées au centre de la tente, mais la bâche était percée et l'eau s'écoulait sur nous et sur nos possessions. Nous devions néanmoins tenir bon.

Une heure plus tard, la pluie était partie hydrater le désert ailleurs, plus loin, nous laissant plutôt amochées. J'ai demandé aux autres si tout allait bien ; elles n'ont pas répondu, mais leurs visages tendus en disaient long sur leur état. Toutes nos couvertures étaient trempées, et le vent soufflait toujours férocement. Et dire que nous avions eu si chaud quelques heures auparavant ! À présent, nous grelottions sous nos couvertures mouillées. C'est ainsi que nous avons passé la nuit, essayant de dormir tant bien que mal malgré le froid et les frissons.

Le lendemain matin, à mon réveil, Linda s'affairait déjà à redresser les bouts de bois pour relever la tente qui s'était effondrée sur nous au cours de la nuit. Je me suis levée pour lui donner un coup de main. Une fois la tente à peu près remontée, nous avons fait le tour du campement pour évaluer les dommages.

Lorsque nous avons étendu nos couvertures dehors pour les faire sécher, j'ai constaté que notre bois était détrempé, lui aussi. J'ai alors pris l'initiative d'aller demander aux hommes de venir nous allumer un feu avec de l'essence. Un feu qui serait plus que bienvenu.

Pour aller voir les hommes, nous devions franchir la petite dune qui nous séparait d'eux. Car, comme leur religion le leur dictait, hommes et femmes ne pouvaient partager le même territoire.

C'est ainsi que j'ai été initiée à la furie des tempêtes sahéliennes.

La tempête

Les ombres rampaient en craquant,
Tombant dans les failles de la terre.
Les nuages se chargeaient de fils brûlants,
L'électricité se gonflait de lumières...

La nature faisait une grande révérence.
Or, le vent la pliait au sol,
Elle laissait passer le ciel en transe,
Déboulant sur les sables en survol...

Les éclairs capturaient des mouvements,
Clignotant au-dessus d'une tente déchirée,
Une toile blanche emprisonnée dans le vent,
Où trois femmes essayaient de se cacher...

La tempête avançait, cherchant leurs présences,
Bouleversant la sécheresse sur son passage.
Elle tournait en rond avec tant d'aisance
Qu'elle soulevait le désert par ses virages...

L'électricité sillonnait l'atmosphère,
Ondulant derrière des bêtes apeurées.
La tempête traversait en roulant son tonnerre,
Laissant derrière elle trois femmes décoiffées.

Tempête du 9 juillet 2019
204e jour de captivité

Section VI LA MIGRATION

Jour 241 au jour 243 de captivité

Le bout du monde

Mais qui a dit que la terre était ronde?
J'ai les pieds qui se balancent dans le vide,
Je crois avoir trouvé le bout du monde,
C'est un bout de terre un peu translucide...

Je voulais me reposer en attendant,
Mais le temps s'étire dans l'Univers.
Je me suis assise là où s'arrête le vent,
Là où le bleu s'efface dans les airs...

J'ai le néant qui me frôle les orteils,
Et l'éternel qui se love autour de mes doigts.
Je crois que c'est ici que le soleil se réveille,
Là où naissent ses couleurs qui brillent sur moi...

J'observe patiemment un cours d'eau qui tombe,
Chutant sans cesse dans l'abysse noir,
Emportant avec lui les images du monde
Qu'il traînait sur son infini miroir...

J'ai la gravité qui me retient par un fil,
Et mes couleurs deviennent livides.
J'observe tranquillement le temps qui défile,
Frôlant les mystères, les pieds dans le vide.

11 novembre 2019
329e jour de captivité

Chapitre 23

La chasse

ÉLISABETH S'EST REDRESSÉE en disant :

— Mettez votre foulard, un homme s'approche.

Nous avons toutes les trois bien couvert nos cheveux et notre cou. L'individu s'est arrêté à l'entrée de notre tente et a interpellé Élisabeth. Les hommes s'adressaient toujours à elle parce qu'elle était la femme la plus âgée de notre petit groupe. Par des signes et plusieurs gesticulations, le visiteur lui a fait comprendre que je devais prendre ma couverture et mon sac, car je partais. J'étais sous le choc. Partir ! Encore ! J'allais maintenant être séparée des femmes ? Élisabeth s'est tournée vers moi et m'a dit que je devais plier bagage.

— Peut-être que tu vas sortir, m'a-t-elle suggéré.

Je ne croyais pas à ma sortie du désert. Je m'étais déjà laissé duper une fois, je ne referais pas cette erreur. Pendant qu'Élisabeth m'expliquait ce que j'avais déjà compris, l'homme attendait patiemment. J'ai empaqueté mes affaires et salué les femmes en les serrant dans mes bras pour la dernière fois.

Nous étions au début de l'après-midi, le 15 août 2019, lorsque je suis montée à bord d'une nouvelle camionnette, arrivée le matin même. Je ne savais pas pourquoi je partais. Mon seul espoir était de retrouver Luca, même si je n'y croyais pas beaucoup.

J'ai reconnu le jeune chauffeur : c'est lui qui m'avait amenée au camp des femmes, cinq mois plus tôt. Je devais bien m'accrocher, car avec lui nous chevaucherions le désert et ferions du rodéo sur les dunes. D'ailleurs, appelons-le Hardi. Mais j'étais maintenant plus forte, je résisterais mieux aux secousses, je ne me cognerais pas partout comme la dernière fois.

L'équipe qui partait avec moi était nouvelle. Outre le chauffeur et moi dans la cabine, il y avait trois djihadistes inconnus dans la caisse, assis sur un tas d'objets — équipements et accessoires de voyage, eau, gazole — retenus par un filet. Nous avons roulé vers le nord, Hardi conduisant en fou à travers les dunes, slalomant entre les buttes de sable et les touffes d'herbes hautes. Je dois avouer qu'il était un as du volant. Cependant, il avait posé une grenade sur la console, et cette dernière roulait librement et heurtait les bords du plateau à chaque virage et à chaque cahot.

Tout à coup, les hommes derrière nous se sont mis à s'énerver et à taper sur la carrosserie, sans doute pour signaler quelque chose au chauffeur. Je plissais les yeux pour tenter de distinguer des mouvements anormaux au loin, mais tout était flou. Hardi a écrasé l'accélérateur ; nous roulions maintenant dangereusement vite et zigzaguions entre les obstacles.

Une gazelle ? Était-ce bien une gazelle que je voyais courir devant nous ? Eh bien, croyez-le ou non, Hardi s'était mis en chasse. Le pauvre animal essayait de s'échapper, mais notre machine infatigable le poursuivait impitoyablement. La gazelle faisait de grands bonds, changeait brusquement de direction, tournait à 180 degrés et repartait en sens inverse, mais Hardi n'abandonnait pas la poursuite. Mon regard passait sans cesse de la grenade à la gazelle, de la gazelle à la grenade. Les hommes à l'arrière ne tiraient pas, et j'ai compris que la tactique consistait à épuiser l'animal. Soudain, un pneu a éclaté, et Hardi a dû immobiliser la camionnette. Les hommes avaient l'air très déçus.

Coup de théâtre ! Une fois le pneu changé, la bête est réapparue, et la poursuite a repris de plus belle. Pauvre gazelle qui s'était jetée dans la gueule du loup ! Nous avons roulé derrière elle en klaxonnant comme des enragés. Comme elle devait avoir peur ! Une bonne de-mi-heure plus tard, elle s'est écroulée d'épuisement. Elle avait été courageuse, elle avait tout donné pour tenter de survivre.

Hardi a sorti une petite lame d'un coffre, est descendu du véhi-cule et s'est approché lentement de la gazelle qui n'a même pas tenté de se relever. Je crois qu'elle avait compris que sa vie était terminée. Il l'a égorgée et vidée de son sang, puis il a rangé son trophée à l'ar-rière du véhicule avec les trois hommes.

La chasse était terminée, et nous avons poursuivi notre route vers le nord.

Chapitre 24

La ruée vers le nord

LA NUIT TOMBAIT, peignant le monde d'obscurité, tandis que la lune surgissait, pleine et lumineuse. Tout semblait calculé pour que nous puissions continuer à rouler les phares éteints après le coucher du soleil. De toute évidence, mon chauffeur tenait à rester discret.

Le vent s'est levé ; une tempête s'approchait et faisait déjà vibrer le ciel au-dessus de nous. Nous avons atteint un puits où Hardi s'est appliqué à tracer un grand cercle sur le sable avec les roues du véhicule. Était-ce ainsi que ces hommes communiquaient entre eux dans le désert ? J'avais la nette impression que nous étions à la recherche d'un autre groupe. Un homme a alors tiré un coup de fusil vers le ciel, et tous ont tendu l'oreille dans l'attente d'une réponse qui n'est pas venue.

Avions-nous pris du retard à cause de la chasse à la gazelle ? Avions-nous raté un rendez-vous ? Toujours est-il que Hardi m'a demandé de descendre du véhicule. Le vent soufflait fort, le tonnerre rugissait au loin, la tempête nous traquait. Hardi m'a préparé un bol de lait en guise de repas. Il y avait bien un trophée dans la caisse, la gazelle, mais j'avais l'impression qu'elle était destinée à être partagée avec ceux que nous aurions dû rencontrer ce soir-là.

J'ai essayé de boire le lait, mais il était plein de sable. Il est toujours ardu de manger ou de boire quand le vent se lève dans le désert. La pluie s'est alors mise à tomber, et les bourrasques semblaient vouloir arracher mes vêtements. Hardi m'a fait signe de remonter dans le pick-up avec lui et un autre des djihadistes. Nous étions bien sûr à l'étroit sur la banquette, et la distance prescrite entre les hommes et moi, une femme, n'était pas respectée. Quant aux deux autres djihadistes, ils se sont installés dans la caisse de la camionnette, se protégeant tant bien que mal des intempéries.

Nous avons dormi un peu, jusqu'à ce que la pluie cesse de marteler la camionnette. Le vent soufflait toujours aussi sauvagement, sifflant et transportant tout le paysage avec lui dans sa course effrénée. Hardi s'est raclé la gorge pour attirer mon attention, puis il m'a fait signe d'aller dormir dehors. Je n'étais pas fâchée de quitter la cabine exiguë et inconfortable. Je me suis donc étendue sur le sable, emmaillotée dans ma couverture. Cela dit, dormir dans la folie d'un vent de sable est une expérience pour le moins intéressante...

Le matin venu, nous nous sommes levés tôt pour reprendre les recherches. À peine avions-nous eu le temps de nous déplacer un peu que deux camionnettes sont apparues. Nous nous sommes arrêtés, sommes descendus du véhicule, et les djihadistes se sont salués. Ils ont immédiatement allumé un feu et paré la gazelle. Quant à moi, assise un peu à l'écart, j'attendais patiemment de voir ce qui se passerait. On m'a bien nourrie et on m'a même donné du jus de mangue! Depuis que j'avais été capturée, je n'avais jamais bu un jus de fruits. Un véritable délice. Les hommes m'ont aussi offert du thé. Ils étaient tous gentils avec moi, c'était réconfortant: j'avais perdu l'habitude des gentillesses et des attentions. Ce voyage a été une trêve pour moi, un entre-deux qui m'a redonné un peu de force et de courage pour affronter les événements à venir.

Une fois le petit déjeuner terminé, Hardi m'a fait signe de monter dans un autre véhicule. Je changeais donc d'équipe et de chauffeur. J'en étais soulagée parce que ces hommes-ci étaient presque aimables. Mon nouveau chauffeur m'a même saluée dans ma langue!

— Vous parlez français? ai-je demandé, étonnée.

— Un peu, a-t-il répondu avec un fort accent.

Eh bien, un peu de français me convenait parfaitement bien!

J'étais seule dans la camionnette avec lui ; les autres hommes voyageaient dans le second véhicule. Quant à Hardi et sa troupe, ils sont partis de leur côté, et je ne les ai jamais revus.

Appelons ce nouveau chauffeur Mangousio, car il m'a donné tant de bouteilles de jus de mangue que je ne suis pas parvenue à toutes les boire pendant le voyage. Il m'a simplement dit de les mettre dans mon sac pour plus tard. Il m'a ensuite fait signe de boucler ma ceinture, ce qui m'a étonnée. Personne avant lui n'avait paru se soucier de ma sécurité. Malheureusement, la ceinture était défectueuse, et j'ai dû m'en passer. Peu après, les deux camionnettes filaient à 180 km/h. J'ai compris pourquoi Mangousio m'avait demandé de m'attacher ! J'ai pris une bonne inspiration. Advienne que pourra ! À cette vitesse, sur le sable, à travers buttes et obstacles, je n'étais pas sûre que nous survivrions.

J'avais l'impression que nous tentions de traverser la frontière nord du Mali pour pénétrer en Algérie, sinon pourquoi roulions-nous si vite ? Et pourquoi les hommes dans l'autre camionnette étaient-ils armés jusqu'aux dents ? Depuis deux jours, j'observais l'orientation du soleil et des ombres, et j'en avais déduit que nous nous dirigions vers le nord-est. L'hypothèse algérienne était donc plausible. Peut-être traversions-nous une zone où le risque de rencontrer des « ennemis » était grand.

J'étais malgré tout un brin optimiste. Peut-être allais-je enfin quitter l'Afrique. Sinon, pourquoi me traitaient-ils comme si j'avais soudainement remis ma peau d'humaine ? Pourquoi tous ces jus de mangue ? Élisabeth m'avait expliqué un jour qu'elle croyait que des sorties étaient possibles vers Tamanrasset, au sud de l'Algérie. C'est un moudjahidine qui avait mentionné le nom de cette ville. Élisabeth avait elle-même cru sortir un jour par cette voie. Finalement, ils avaient rebroussé chemin après plusieurs jours de route vers le nord. Quelque chose avait changé, et elle était restée dans les mains de ses ravisseurs.

Rien dans ce récit ne me permettait de conclure que j'étais sur le point de recouvrer ma liberté, mais il suscitait mon espoir, peut-être un peu malgré moi. J'essayais en même temps de me protéger d'une déception éventuelle, mais c'était difficile. On veut tant y croire ! En captivité, la vie est si figée que, chaque fois que se produit un événement sortant un peu de l'ordinaire, le cerveau s'emballe... Et si c'était pour aujourd'hui ? Et si je retrouvais Luca ? Et si nous rentrions ensemble ? C'était douloureux de penser à lui, puisque je ne savais pas où il était ni comment il allait, ni même s'il était toujours vivant. Il avait sans doute même tenté de s'évader, je connaissais bien son caractère, et qui sait comment ça s'était terminé ?

Nous avons survolé les sables du Sahara à toute vitesse pendant deux bonnes heures, et j'espérais que Mangousio ne perdrait pas le contrôle de sa camionnette. Heureusement, nous rencontrions maintenant peu d'obstacles. Le paysage paraissait des plus simples, vide de vie et de surprises. À un moment donné, nous avons enfin ralenti pour rouler à une vitesse de croisière un peu plus normale. La frontière ou la zone dangereuse devaient être derrière nous.

C'est difficile à expliquer, mais, à ce stade de mes mésaventures, je me sentais engourdie, comme si plus rien ne me faisait réagir. À un certain moment, nous avons failli emboutir la camionnette des autres hommes, qui s'était immobilisée. Mangousio, qui avait sans doute été distrait, a donné un brusque coup de volant pour éviter l'accident *in extremis*, et nous avons gravi une butte de sable avant de nous immobiliser. Pas la moindre réaction de ma part, je n'ai même pas sourcillé : je me foutais un peu de tout. Je me sentais amorphe, inerte, comme une coquille vide. Les hommes me disaient quoi faire et je leur obéissais. Je n'avais rien à dire, ma vie ne m'appartenait plus. Je n'avais plus assez de force pour me battre dans le vide. J'étais devenue docile, un pantin entre leurs mains.

J'étais leur otage, c'est-à-dire à la fois un trésor et une moins-que-rien.

La fin du monde

Je traverse les secondes,
Je m'enlise dans la fin du monde.
Où sont passées les émotions
Qui ont connu la passion?

La fin du monde,
C'est un monde de travers.
Je cherche, je fais une ronde,
Mais je ne trouve que de la misère...

Et moi, tu sais que j'erre,
Sans savoir comment faire.
Je marche à l'envers,
Je dois garder mes arrières...

Un monde de pierre,
Je m'enlise dans un monde de pierre.
Les villes sont en béton
Et les hommes dorment dans des boîtes de carton...

Aïe! je m'enfarge dans les ruelles,

Je tombe sur les poubelles,

Je cherche le bleu du ciel,

Mais je ne trouve que de l'artificiel...

Et toi, qu'est-ce que tu vas faire?

Tu as peur derrière,

Tu regardes la misère,

Et ça te met tout à l'envers...

Viens, prends-moi la main.

Vois-tu le monde qui s'éteint?

Cherchons dans les poubelles

Une lumière surnaturelle...

Vas-tu mourir?

Je ne te vois plus très bien,

Je ne vois que tes souvenirs.

Crois-tu qu'on a trouvé la fin?

24 septembre 2019
281e jour de captivité

Chapitre 25

La tempête de sable

IL Y AVAIT QUELQUE CHOSE d'étrange au loin. On aurait dit une immense muraille qui allait du sol jusqu'au ciel. Mangousio m'a fait signe de remonter la vitre de ma portière. S'agissait-il d'une tempête de sable ? Je ne voyais pas bien. Soudain, la camionnette qui nous précédait a disparu, et cette vision a fait se hérisser tous les poils de mon corps. Tout à coup, je n'étais plus amorphe, mais allumée, secouée de frissons. Quelques secondes plus tard, nous avons pénétré à notre tour dans cette nuée ardente qui me semblait surnaturelle. L'adhérence des pneus au sable a diminué instantanément, et les vents se sont mis à secouer violemment la camionnette dans tous les sens. La visibilité étant devenue pratiquement nulle, Mangousio a ralenti. Nous roulions maintenant très lentement et prudemment : l'autre camionnette ne devait pas être loin devant nous, il ne fallait pas la percuter.

Je connaissais les vents de sable, des vents forts qui soulèvent le sable, mais une véritable tempête de sable est d'une tout autre magnitude. J'avais carrément l'impression d'être sur la planète Mars. Les couleurs de ce monde passaient furieusement des ocres jaunes aux ocres rouges. Les rayons du soleil, qui essayaient de pénétrer la sphère de sable qui nous englobait, teintaient ce magma de nuances fantastiques. Nous étions au milieu de nulle part, sous une coupole prodigieuse. J'étais fascinée ; je n'avais jamais rien vu de tel de toute ma vie.

Nous avons roulé sur Mars pendant au moins une heure, et tout ce temps je me suis sentie comme une enfant émerveillée. J'aurais voulu rester pour toujours dans cette bulle, sur cette planète où le vent hurlait sa rébellion, intimidant notre véhicule. C'était magique parce que c'était exactement ce que je ressentais intérieurement. Je comprenais cette tempête, je la sentais aussi bien que si elle avait été mon propre reflet.

Je ne peux qu'imaginer l'air que j'avais, les mains et le visage collés à la vitre, mes grands yeux qui n'osaient pas cligner de peur de perdre une fraction de ce spectacle. J'essayais d'absorber ces visions pour les garder à jamais dans ma mémoire et dans mon cœur.

La paroi de la sphère a fini par s'amincir, et les rayons du soleil ont réussi à se frayer un passage plus facilement, dessinant des fils de lumière. L'autre camionnette s'est peu à peu rematérialisée à un mètre à peine devant nous. Comment Mangousio avait-il pu suivre de si près ses acolytes, sans rien y voir? Ça dépassait l'entendement. C'est l'un des nombreux secrets des peuples du désert.

Tout me paraissait invraisemblable et incohérent; je ne pouvais croire que j'avais quitté les femmes la veille. Le temps change si radicalement dans le désert et il est tellement relatif que je me sentais prisonnière de son immense sablier. Voilà que je venais de vivre une tempête à l'intérieur même de ce dernier, là où le temps ne faisait que tourner en rond, encore et toujours.

Mangousio m'a fait signe d'abaisser ma vitre pour que nous ayons un peu d'air maintenant que la tempête était derrière nous, et nous avons poursuivi notre route vers le nord. Le soleil entamait sa courbe descendante vers l'horizon; les hommes devraient bientôt trouver un endroit où passer la nuit. Les deux véhicules se sont séparés, chacun cherchant la meilleure cachette. Il fallait faire vite, c'était une véritable course contre la montre. Les autres ont trouvé avant Mangousio, ensuite ils sont revenus nous chercher pour nous guider vers des monolithes énormes où nous avons fait halte. Pendant que j'installais ma couverture sur les roches, les hommes, de leur côté, ont fait un feu et préparé à manger.

La nuit tombait. Des frissons me parcouraient toujours le corps à la pensée de ce que j'avais vécu cette journée-là.

Quelle tempête! Quelle planète incroyable!

Patience

J'ai vu au loin les sables se lever,
Se déplacer vers moi, avançant comme un mur.
Tout doucement, le vent s'est mis à tourner,
M'entourant d'une sphère, me créant une armure...

Le désert orchestrait une scène grandiose,
Entourant le vent de son corps desséché.
Les sables volaient, prenaient toutes sortes de poses,
M'aspirant dans la cuve d'un temps emprisonné...

Le soleil divaguait sur son observatoire,
M'aveuglant dans sa folie de lumières éclatées.
La scène continuait sans même m'apercevoir,
M'incluant dans ses rafales, ses danses endiablées...

J'étais clouée au sol, attendant patiemment,
Perdant quelques plumes dans le vent étourdi.
J'ai fermé les yeux et laissé passer le temps
En espérant que le désert ne capturerait pas mon esprit.

27 juillet 2019
222e jour de captivité

Section VII   LES TOUAREGS

Jour 244 au jour 415 de captivité

Chapitre 26

Casse-Couilles la Marmotte

LES PREMIÈRES LUEURS DE L'AUBE se dessinaient, à peine visibles, et la terre s'éveillait d'un sommeil agité par sa vie nocturne. Une faible lumière horizontale prenait tranquillement de l'ampleur dans le ciel; c'était comme si la planète ouvrait les yeux tout doucement.

Les moudjahidines faisaient leurs ablutions afin de se purifier le corps, tout en récitant à voix basse des louanges à Allah. Mes rêves s'emmêlaient dans les brumes de la réalité, et j'entendais les hommes, en bruit de fond, qui se préparaient à la première prière du jour. Je me suis enroulée un peu plus dans ma couverture; je n'étais pas tout à fait prête à me lever. Je voulais profiter des dernières minutes de la nuit, les yeux clos, avant d'affronter une autre journée.

Mangousio s'est raclé la gorge; c'était le signal du départ. Je serais, cette fois-ci, seule avec lui: les autres hommes ne nous accompagneraient pas. J'ai pensé que Mangousio me remettrait à une autre équipe, car je ne restais jamais longtemps avec un seul homme. En fait, à bien y penser, ce n'était jamais arrivé, jusqu'alors, que je sois seule avec un djihadiste.

J'avais vu juste. À peine avions-nous parcouru quelques kilomètres que mon chauffeur s'est immobilisé. Puis il m'a fait signe de sortir du véhicule et de me cacher sous un buisson pendant qu'il contactait quelqu'un avec son walkie-talkie. Peu après, trois motos sont arrivées et se sont immobilisées de l'autre côté du buisson qui me dissimulait. Ces hommes ne se doutaient pas que j'étais là.

Mangousio a discuté un moment avec eux avant de revenir vers moi pour m'indiquer de remonter dans la camionnette. Nous avons suivi les trois motocyclistes jusqu'à leur campement. Mangousio m'a alors dit de prendre mes effets personnels et de descendre. En me remettant entre les mains des Touaregs, il avait rempli sa mission. Il est reparti aussitôt; sans doute avait-il une longue route à faire.

Les Touaregs semblaient heureux de mon arrivée. Ils m'ont indiqué aussitôt un endroit à l'ombre d'un arbre où je pourrais attendre. Attendre que la journée passe. Attendre que les jours se succèdent sans fin.

Le groupe des Touaregs, beaucoup plus petit que les autres, ne comptait que trois hommes. Le chef était un homme grand, bien bâti. Sa peau, assez foncée, oscillait entre le brun et le noir. Il lui manquait quelques dents. Il était très strict: je n'avais pas la permission de me lever, sauf pour aller faire mes besoins le plus près possible du campement. Il devait y avoir une ville ou des villages à proximité, car ces hommes étaient beaucoup plus prudents que ceux des dunes, où il n'y avait pas âme qui vive à des centaines de kilomètres à la ronde.

J'ai surnommé ce chef Casse-Couilles la Marmotte parce que je ne pouvais jamais rien faire en sa présence, il voulait que je sois toujours extrêmement bien cachée. Au moins, avec les femmes, dans le désert, j'avais le droit de marcher un peu et de cuisiner. De plus, ce type me faisait penser à une marmotte quand il sortait de son trou pour me surveiller ou pour vérifier que j'étais bien dissimulée. Malgré tout, il était gentil. Au début, il venait me porter un verre de thé tous les jours, parfois même plusieurs fois par jour. C'était la première fois que l'on m'accordait tant d'attention et que l'on me regardait avec une certaine forme de respect.

Le verre des Touaregs a une contenance d'environ deux onces, mais ils ne le remplissent de thé qu'à moitié, car cette boisson fait l'effet d'une bombe. Pour le préparer, les hommes du désert le laissent infuser dans une théière posée sur des braises, jusqu'à ce qu'il devienne très amer. Par la suite, ils en atténuent l'amertume en y ajoutant une quantité phénoménale de sucre. Quand vous buvez une gorgée de ce thé, vos papilles gustatives se dilatent au maximum et finissent en état de choc !

Je me souviens du jour où j'ai baptisé le chef Casse-Couilles ; on aurait dit que la vie me faisait un clin d'œil : pour souper, il m'avait apporté de la *taguella*, le plat typique des Touaregs, qui comportait un demi-testicule de chèvre sur le sommet d'une montagne de pain émietté et imbibé d'une sauce au gras de chèvre. Ce jour-là, ce demi-testicule a été à la fois source de protéines pour mon corps et source d'inspiration pour baptiser le chef.

J'avais surnommé le deuxième homme Mange-Tout parce que, un jour, il m'avait tendu un bol de nourriture en disant : « Mange tout ! » Je ne l'avais jamais entendu parler français auparavant et je ne sais pas où il avait pêché ces mots, mais je crois qu'il me trouvait trop maigre. Par la suite, chaque fois qu'il m'apporterait à manger, il me dirait toujours « mange tout ! » en se gonflant les joues, comme s'il m'encourageait à prendre du poids. Mange-Tout n'était pas un homme très énergique, il était même plutôt paresseux, mais il était souriant et aimait à rire. Il n'avait pas l'air méchant, même avec sa kalachnikov à la main. Il était le plus sympathique et le moins crédible des bandits.

Plus âgé que les deux autres, le troisième homme semblait malade. Il toussait et éternuait à longueur de journée. Ses activités physiques étaient peu nombreuses. Je dois avouer que j'avais toujours peur qu'il ne passe pas la nuit. Je l'ai baptisé Atchoum.

On peut dire que Casse-Couilles la Marmotte valait trois gardes à lui seul ! Chaque fois que mon regard se posait sur lui, il était en train de m'observer. S'il trouvait que j'allais aux toilettes trop loin du campement, il me suivait comme une ombre. En revanche, Mange-Tout et Atchoum valaient à eux deux à peu près un demi-gardien. En bref, ces trois hommes-là formaient une équipe asymétrique, déséquilibrée.

Au restaurant des délices

Venez manger, très chers invités!
Vous pourrez goûter à nos délices,
Au restaurant du Mouton Entravé,
Du riz et des pâtes sans épices...

Essayez donc le riz sur lit de pâtes
Ou nos fameuses nouilles en sauce au riz.
Allez, venez! On vous gâte!
Venez manger avec grand appétit!

La table des sables vous attend,
S'intégrant merveilleusement à la sauce.
Vous la trouverez dessus, dessous et dedans,
Votre énervement sera à la hausse...

Venez déguster en toute sérénité.
Des hommes armés vous attendent,
Vous désignant votre table attitrée,
Vous trouverez une ambiance à détendre.

7 avril 2019   111e jour de captivité

L'i non da tion

NOUS ÉTIONS AU MOIS D'AOÛT ; la saison des pluies durerait jusqu'à la mi-septembre. Il pleuvait beaucoup plus abondamment au nord, et Casse-Couilles la Marmotte avait pris la peine de me construire un petit abri avec des tiges d'euphorbe. Cette jolie plante pousse très bien dans les terres arides et pauvres, mais il faut se méfier de son latex irritant et toxique. Casse-Couilles avait aussi entremêlé des branches feuillues d'acacia pour me confectionner un écran contre le soleil. Parce que, là-bas, la saison des pluies est caractérisée par des orages violents qui éclatent par intermittence dans un ciel où brille le soleil entre les tempêtes. Je suis restée deux semaines dans ce campement. C'est la seule fois que les Touaregs m'ont construit une cache. Par la suite, avec eux, je n'ai plus eu ni abri ni tente contre les intempéries. Ils me désignaient tout simplement un arbre, et je suivais son ombre tout au long de la journée pour me protéger un peu du soleil brûlant entre les orages.

Dans ces sociétés, femmes et hommes doivent normalement être séparés, mais la nuit, pour que mes gardiens puissent me surveiller de près, je devais dormir à côté d'eux. J'y allais à la nuit tombée et je devais regagner mon arbre avant le lever du jour. Nous dormions à la belle étoile parce que nous passions plus facilement inaperçus ainsi, sans tente, camouflés dans la nature. D'ailleurs, les hommes m'avaient donné à mon arrivée des vêtements bruns comme le bois et un foulard vert forêt. Je ressemblais maintenant à une plante. Les Touaregs sont passés maîtres dans l'art de la dissimulation.

La saison des pluies leur facilitait un peu la tâche quant au ravitaillement en eau. Ils n'avaient pas à aller trop loin pour en trouver. On la recueillait habituellement sur les lieux du campement, à même les dépressions creusées par les pluies diluviennes. Un bon matin, après avoir dilué du lait en poudre dans mon eau souillée de sable et de terre, j'ai trouvé une surprise : un joli têtard ! Il tortillait de tout son corps dans mon verre, probablement étonné de nager dans du lait. Heureusement que je l'ai vu, le pauvre, sinon il m'aurait servi de petit déjeuner !

On voyait aussi beaucoup de gros crapauds pendant la saison des pluies. Parfois, la nuit, je sentais un poids se mouvoir sur mon corps ou me sauter à la figure. Je les reconnaissais facilement dans l'obscurité à cause de leur pesanteur et de leur peau fraîche et visqueuse. Ils sautaient sur moi parce que je faisais partie de leur environnement nocturne, un petit monticule sur leur terrain, un petit obstacle qui inspirait et expirait.

Après la première pluie, Mange-Tout m'a donné un grand plastique troué pour me protéger et pour couvrir mes effets personnels pendant les tempêtes. Mon abri était bien pratique, mais il se trouvait dans une dépression qui se remplissait vite d'eau. Quand il y avait une grosse ondée, je devais donc sortir toutes mes affaires pour aller les poser sur une petite élévation à quelques pas. J'utilisais ce grand plastique, pas très utile finalement, pour essayer de garder mes affaires au sec. L'emplacement de mon abri n'avait pas été si bien choisi ; je crois que Casse-Couilles avait simplement veillé à me cacher dans un trou.

Bien sûr, il y a toujours une pluie qui se distingue des autres par sa puissance et son abondance. Un jour, par manque d'attention, je n'ai pas vu qu'une rivière s'était formée à une vitesse faramineuse. Sans crier gare, toute cette eau venue je ne savais d'où s'est engouffrée dans mon abri ! J'ai saisi mon sac de couvertures et mon tapis pour les sauver du déluge. J'ai fui sur l'élévation la plus proche, où j'ai tenté de protéger mes affaires sous le plastique, mais le mal était fait. J'étais trempée jusqu'aux os, le turban me collait au visage, teintant ma peau de sa couleur verte.

L'eau de cet oued avait monté à une vitesse fulgurante, et maintenant j'étais coincée sur cette butte. Je ne pouvais pas rester là très longtemps, puisque les eaux se gonflaient sans cesse. Pour ne pas être emportée plus tard par le torrent, j'ai tenté une traversée désespérée. J'ai pris une grande respiration et suis entrée dans l'eau jusqu'à la taille. J'essayais maladroitement de maintenir mes sacs au-dessus de la surface, mais c'était difficile. À un moment donné, un de mes pieds s'est enlisé dans la boue. En essayant de le dégager, j'ai perdu ma sandale.

Les sacs se trouaient de plus en plus, menaçant de se rompre, et j'étais à moitié submergée, le visage barbouillé de teinture verte.

— Ma sandale ! Ma sandale !

Je criais en direction des hommes pour les alerter. Atchoum a alors remarqué ma sandale en cavale qui, ballottée par les flots, se dirigeait rapidement vers lui, et il s'est jeté à l'eau pour l'attraper. Quel héros ! Les deux autres s'esclaffaient devant l'absurdité de ce spectacle.

Ma sandale solitaire était maintenant en sécurité entre les mains du vieil homme, et j'ai pu traverser l'oued en espérant que mes sacs tiendraient le coup. Mes gardiens, eux, étaient déjà sur la rive lorsque j'y ai mis le pied. J'ai enfin pu respirer et poser mes sacs par terre. Pour une raison illogique, j'ai enveloppé mes affaires dans le plastique pour les protéger de la pluie, mais tout était détrempé.

Déjà, les ténèbres commençaient à rôder. Le vent me fouettait, et je grelottais dans mes vêtements mouillés. Cette nuit-là, je me suis enveloppée dans ma couverture imbibée d'eau. J'aurais voulu que tout s'arrête ne serait-ce qu'un instant. Si j'avais pu seulement sortir la tête des couvertures et du plastique pour crier «STOP!» à la vie, et si seulement la vie m'avait exaucée! J'aurais souhaité que l'on m'accorde un simple répit, le temps de m'endormir, de fuir la réalité et de me retrouver au pays des rêves. Mais la pluie ne cessait pas, et le vent me glaçait les os en s'infiltrant par les trous du plastique. Je n'ai pas bien dormi cette nuit-là, le pays des rêves n'a pas voulu de moi.

Le lendemain matin, j'avais les muscles crispés et hyper tendus pour avoir grelotté des heures durant, et je ne rêvais que d'une chose : voir le soleil! Le soleil et moi avons entretenu une relation d'amour-haine pendant mon séjour en Afrique : les nuits où j'avais froid, je rêvais de lui; et, le jour, suffoquant dans la chaleur extrême, je voulais qu'il disparaisse à jamais de ma vie.

Comme une mésaventure arrive rarement seule, une armée de fourmis géantes m'a attaquée ce matin-là. Je n'avais pas remarqué, la veille, que je m'étais couchée à proximité d'une fourmilière. Dès l'aube, des hordes d'insectes ont envahi ma couverture et pris mon corps d'assaut. Torturée par les morsures, je ne m'étais jamais tortillée ainsi. J'essayais de me débarrasser de ces petits soldats acharnés. Mes coups les décapitaient, mais leurs têtes restaient accrochées dans ma chair, dégageant une odeur fétide. C'était un vrai massacre, une guerre sans pitié; j'étais devenue leur ennemie en m'installant sur leur territoire sans leur permission. J'ai appris ce matin-là qu'une attaque de fourmis géantes, ça fait mal. Très mal! À la fin du combat, j'ai dû détacher les têtes de mes membres, une à une, en frissonnant de dégoût. Les pauvres fourmis y avaient laissé leur vie. Je me sentais un peu cruelle, mais quand on est attaqué, on doit se défendre.

Je ne pouvais pas voir le visage des trois hommes couchés tout près, mais je sentais leurs regards braqués sur moi. Bien sûr, nous ne parlerions pas de cette attaque de fourmis, car tout est trop compliqué à expliquer quand on ne connaît pas la langue de l'autre.

Je me souviens d'un autre jour où j'ai dû appeler Casse-Couilles la Marmotte à la rescousse. J'avais vu un serpent poursuivre un lézard sous mes yeux. Lorsque le reptile m'avait aperçue, il s'était faufilé sous le nid de branches et d'herbes qui s'étaient accumulées au pied de mon acacia à la suite des inondations.

J'ai tenté d'expliquer à Casse-Couilles qu'un serpent s'était caché là, sous les débris. Je dessinais des traces sinueuses sur le sable et j'essayais d'imiter le bruit d'un serpent qui rampe. Casse-Couilles m'a regardée, puis il a regardé le nid. Pour s'assurer qu'il m'avait bien comprise, il s'est accroupi pour tracer à son tour une sinuosité sur le sable et pour reproduire le bruit du serpent. J'ai fait oui de la tête. Sur ce, Casse-Couilles m'a surprise en prononçant deux mots de français. « Pas bon ! » s'est-il exclamé, puis il s'est relevé en examinant le sol autour de mon arbre. « Pas bon ! » a-t-il répété avant de retourner chez lui. J'ai attendu patiemment, un peu plus loin sous un soleil de plomb, croyant que Casse-Couilles reviendrait avec un outil quelconque pour déloger l'intrus, mais je pense qu'il a préféré s'en remettre à la volonté d'Allah.

De mon côté, je ne pouvais pas faire grand-chose, puisque je n'avais pas le droit de m'éloigner de l'arbre. J'ai donc dû me soumettre moi aussi à la volonté d'Allah et retourner m'abriter du soleil sous mon acacia.

Heureusement, je n'ai jamais revu ce serpent.

Fleur sauvage

Assises côte à côte,
Nous observions les ravages,
Nous observions la terre qui se vautre,
Nous étions seules dans le paysage...

J'avais trouvé une fleur sauvage,
Je m'étais assise pour l'accompagner,
Nous étions toutes deux trempées sous l'orage,
Un peu recourbées par l'intensité...

Mais la fleur s'est écroulée sur la terre,
Elle avait perdu son odeur parfumée.
Je l'ai prise dans mes mains de travers,
La berçant sans pouvoir la sauver...

Je l'ai redéposée sur le sol,
Je me suis couchée pour l'accompagner,
En observant ses pétales prendre leur envol.
J'étais maintenant seule sur cette terre oubliée.

29 septembre 2019
286e jour de captivité

Chapitre 28

La
solitude

JE SUIS RESTÉE SIX MOIS avec les Touaregs. On m'avait d'abord séparée de Luca le 4 mars 2019, et puis des femmes le 15 août 2019. J'étais maintenant une femme seule, otage de musulmans extrémistes. Il m'est difficile de traduire en mots la solitude extrême que j'ai pu ressentir jour après jour. Je ne savais plus à quoi penser ni comment m'occuper l'esprit. J'ai eu le temps de faire le tour de ma vie, de mes rêves, de mes réflexions au moins mille fois en un an. C'était trop ! Il n'y avait personne à qui parler et je ne me souvenais même plus à quoi ressemblait le son de ma voix. Parfois, en allant faire mes besoins, je trouvais de jolies roches par terre et je les rapportais pour admirer leurs couleurs et leurs formes. Il m'arrivait aussi de les faire tenir en équilibre les unes sur les autres, mais Casse-Couilles la Marmotte n'aimait pas ça. Je crois qu'il avait peur que ce soit de la sorcellerie, alors j'ai dû abandonner ce passe-temps méditatif.

Je ne me trouvais pas souvent en contact avec mes gardiens, ce qui m'arrangeait, car je n'aimais pas particulièrement leur présence. Je dois avouer toutefois que le premier groupe de gardes était plutôt rigolo, en particulier Mange-Tout. Il était capable de changer l'ambiance à lui seul, simplement parce qu'il était gentil et cocasse. Mange-Tout n'était pas un méchant très crédible, et ça déteignait sur les deux autres.

Déjà, avant ma migration vers le nord, je voyais rarement les gardiens. Avec Luca, et aussi avec les femmes, nous avions la liberté de préparer nos repas, ce qui limitait grandement la nécessité des contacts. Ils se contentaient de garder un œil sur nous et de nous apporter nos rations d'eau. Avec les Touaregs, c'était différent : ils cuisinaient et m'apportaient ma nourriture.

J'ai plus ou moins toujours mangé la même chose chez les Touaregs, deux fois par jour pendant six mois. Leur plat typique, la *taguella*, est à base de pain de semoule de blé cuit sous le sable. Quand ils ont du mouton ou de la chèvre, ils mijotent un bouillon avec la viande et le gras, qu'ils versent ensuite sur la mie émiettée. Ils ajoutent de l'huile et un peu de sel et laissent la mie s'imbiber de sauce. Pour finir, ils coiffent ce monticule de morceaux de viande. Quand il n'y avait pas de viande, ils ajoutaient seulement de l'huile et du sel à la mie de pain, ou parfois du lait et du sucre.

De une à trois fois par semaine, j'avais aussi droit à un plat de pâtes. Les Touaregs cuisent les pâtes dans le bouillon de mouton, une heure ou deux, jusqu'au moment où elles ont absorbé tout le liquide. On pourrait qualifier ça de « pâté de pâtes », car tout est fusionné, à tel point que l'on pourrait en couper des parts au couteau, comme on le fait avec une tarte. Leurs pâtes ne sont donc pas *al dente* !

Mange-Tout me faisait bien rire quand il m'apportait mon bol de nourriture en souriant et en disant fièrement : « *Taguella !* » Oui, bien sûr... Comme si je ne savais pas déjà ce que j'allais manger ! Ce plat n'était ni bon ni mauvais. Disons que c'était la simplicité même et que ça n'avait pas énormément de goût, sauf quand la chair était rancie ou qu'ils y mettaient des tripes. Dans ces cas-là, la *taguella* devenait vraiment dégoûtante. Et quand Mange-Tout m'apportait le thé, il lançait : « *Ataï !* » — « thé » en tamasheq. D'un naturel plutôt naïf, il était toujours fier de ce qu'il m'offrait.

Les deux autres, Casse-Couilles et Atchoum, étaient un peu plus formels, mais tout de même respectueux. Ils avaient à cœur de bien faire leur travail, et jamais je n'ai ressenti de dédain de leur part, même si j'étais à leurs yeux une mécréante. Dans leur esprit, ils

faisaient quelque chose de bien, ils étaient fiers d'être de bons djihadistes, de se battre sur le chemin d'Allah. Ces hommes croient en
effet dur comme fer qu'ils auront droit à une place privilégiée aux
côtés de leur dieu en agissant ainsi. C'est ce qui est écrit dans le
Coran.

J'ai eu droit à deux groupes de Touaregs qui se relayaient à chaque
pleine lune. Le second groupe comptait quatre hommes : deux dans
la vingtaine et deux dans la quarantaine ou la cinquantaine.
Papadou était le chef. Avec eux, c'en était fini des sourires accompagnant l'*ataï* et la *taguella*. En leur présence, je devais constamment
fixer le sol, j'en avais été bien avertie par l'un des jeunes que j'avais
surnommé le Coq. Il était important pour lui de me faire savoir qu'il
m'était supérieur. Personnellement, je considérais qu'il ne s'agissait
pas de ma bataille, mais de la sienne. Alors, pour faire taire le Coq,
je regardais ses pieds plutôt que son visage quand il me tendait ma
nourriture. Je me disais qu'il voulait peut-être que je regarde le sol
parce qu'il trouvait qu'il avait de très beaux pieds !

Ma solitude s'aggravait quand j'étais sous la garde du second
groupe si peu sympathique. Je ne parlais pas et n'avais que mon
ombre pour me tenir compagnie. Nous restions l'une à côté de l'autre
en silence. Comme il m'était interdit de me promener, mes muscles
s'atrophiaient. Mon moral était au plus bas. Je restais étendue sur le
sol à longueur de journée, ma seule occupation étant d'ouvrir et de
fermer les yeux. Les journées me paraissaient excessivement longues, et j'avais si chaud sous mes vêtements longs et mon foulard
que je suffoquais. Je me sentais amorphe, je n'avais aucune stimula-
tion. J'avais l'impression de m'être perdue dans un temps suspendu,
d'être couchée dans le vide au milieu de nulle part. J'avais à peine
assez d'énergie pour me tenir assise.

Pour remuscler un peu mes jambes et mes bras, j'ai eu l'idée un
jour de faire du yoga, en position couchée pour que les hommes ne
se doutent de rien. Quel cadeau du ciel ! Pourquoi n'avais-je pas eu le
courage de faire ça plus tôt ? J'ai tranquillement commencé à me re-
construire et à retrouver le moral grâce aux endorphines qui agis-
saient comme un véritable remède miracle. Je faisais une séance de

yoga le matin, avant que le soleil soit complètement levé, sinon il faisait trop chaud. J'en faisais une autre le soir, lorsque le soleil redescendait et que la chaleur était un peu plus tolérable.

Quand on me demande comment j'ai fait pour ne pas devenir cinglée, je réponds : « Le yoga ! » Si un jour passait sans que j'aie pu faire mes séances, que ce soit à cause d'un manque de motivation ou parce que je me sentais malade, mon moral s'en ressentait immédiatement. J'ai utilisé ce remède jusqu'à la fin. Mon ombre et moi faisions du yoga ensemble.

Je m'étais aussi fait une amie, Scarlette, une belle araignée grande comme la paume de ma main, au corps effilé. Je ne savais pas si elle était venimeuse, si sa morsure pouvait être mortelle ; je n'ai jamais posé la question aux moudjahidines parce que, s'ils avaient appris son existence, ils l'auraient tuée. Et pourtant je n'avais pas peur de Scarlette, car elle passait le plus clair de son temps au milieu de sa toile, ne se déplaçant que pour dévorer les insectes piégés. De toute façon, à ce stade, je me foutais un peu de tout, même de mourir.

J'aimais bien Scarlette. Je faisais souvent mon yoga à côté d'elle ; nous étions ainsi toutes deux occupées à nos propres besognes, sans nous déranger mutuellement. Hélas, un matin qui m'a semblé tragique, j'ai trouvé sa toile détruite et vide. Ma compagne avait disparu, me laissant de nouveau seule avec mon ombre.

Navire fantôme

Les cloches résonnaient dans tout le quartier,
Sonnant les treize coups du destin.
L'heure de l'embarquement venait d'arriver,
Tête baissée j'ai pris mon ombre par la main...

Je m'approchais du navire fantôme,
Suivant la file des condamnés,
Avec mon délit inscrit dans ma paume,
Désorientée dans la foule d'étrangers...

Ils ont largué les amarres,
Et le vent s'est pris dans les voiles déchirées,
Transportant le navire vers les brouillards
Qui longeaient la terre des oubliés...

J'observais mon ombre, elle me fixait
En cherchant de l'espoir dans mon regard.
Je tenais sa main dans les miennes qui tremblaient,
Je devais avoir un peu froid dans le noir...

Le silence est venu nous accompagner,
Il devait pourtant nous surveiller de loin,
Je crois qu'il cherchait à nous rassurer,
Mais j'aurais préféré qu'il reste dans son coin...

Je crois que le navire s'était effacé,
Je voyais bien qu'on n'avançait nulle part,
Et tous les visages s'étaient embrouillés,
Mon ombre terrifiée me quittait vers l'illusoire...

12 novembre 2019
330e jour de captivité

Chapitre 29

Baba

À LA FIN D'OCTOBRE, la vie m'a offert un immense cadeau, une joie à laquelle je ne m'attendais pas du tout. À vrai dire, j'ai eu droit à deux surprises ce mois-là. La première était plus banale, mais la seconde venait directement de l'amour universel! Elle me procurerait une force nouvelle qui me permettrait de me raccrocher un peu mieux à un espoir devenu si fragile, à ce rêve de rentrer chez moi un jour et de retrouver tous les gens que j'aimais tant! Un cadeau d'amour et de tendresse qui ferait battre mon cœur de nouveau.

Peut-être vous demandez-vous comment je savais que c'était la fin du mois d'octobre. La réponse est assez simple : tous les matins, je prononçais à voix haute le nom et la date du jour nouveau. J'avais appris cette méthode chez les femmes, et elle marchait très bien. Les femmes n'avaient d'ailleurs jamais perdu le fil des jours, et ce, depuis des années. Linda annonçait le matin la nouvelle date, et Élisabeth et moi en confirmions l'exactitude, l'assurions qu'elle ne s'était pas trompée. Vers le mois de décembre, par contre, je me suis fatiguée de nommer les jours et d'énumérer les dates, ne comprenant plus à quoi cet exercice m'était utile, donc j'ai tout simplement arrêté. C'est ainsi que j'ai perdu graduellement la notion du temps.

Le jour du changement de groupe était donc arrivé : je le savais parce que la lune serait pleine cette nuit-là. J'attendais patiemment de voir quels hommes remplaceraient le groupe de Papadou. Seraient-ils corrects ? gentils ? sévères ? Me regarderaient-ils comme une infidèle qui ne valait pas beaucoup plus qu'une roche ? Les yeux clos, couchée sur le sol, je redoutais la suite des choses.

Les motos sont arrivées. Une, deux… et trois. Les nouveaux venus se sont mis à bavarder autour du feu avec Papadou et ses hommes ; sans doute buvaient-ils le thé avant de procéder au changement de garde.

Peu après, des bruits de pas se sont rapprochés. C'était certainement le chef du groupe qui venait se présenter ; je me suis donc assise pour l'accueillir. L'homme était grand et semblait musclé sous ses vêtements. Il s'est penché vers moi et a baissé son foulard pour dévoiler son visage au sourire édenté. Casse-Couilles la Marmotte ! Quelle surprise ! C'était la première fois que j'avais deux fois le même groupe. Je l'ai salué en esquissant moi aussi un drôle de sourire, et il m'a tendu un verre de thé : « *Ataï!* » Je l'ai bu d'un trait, avec plaisir, et lui ai rendu son verre en le remerciant. Papadou et ses gars sont repartis, et j'étais de nouveau sous la garde d'une équipe gentille. J'étais soulagée parce que je savais que ces trois hommes se comporteraient décemment avec moi.

Deux jours plus tard, j'étais encore étendue sur le sol, les yeux clos, souhaitant que la journée passe le plus rapidement possible. Soudain, j'ai entendu le bruit d'un moteur au loin. J'ai rouvert les yeux et tourné la tête pour voir qui s'amenait. Une moto s'est arrêtée à ma hauteur. Un homme en tenue de camouflage kaki en est descendu. Depuis quand les visiteurs venaient-ils me voir sans passer par le chef des gardiens ? Il m'a saluée et m'a tendu une enveloppe rouge qui portait mon nom en grosses lettres : *EDITH.* Quel choc ! Tout a disparu instantanément autour de moi : je ne voyais plus qu'une main tenant une enveloppe rouge. J'avais le cœur qui voulait bondir hors de ma poitrine. Je n'étais pas préparée à recevoir un tel trésor ! J'ai aussitôt ouvert l'enveloppe qui avait déjà été décachetée. Sous les yeux de l'homme qui se taisait, j'en ai tiré deux lettres et trois photos ! J'avais les larmes aux yeux, mais j'essayais de les dissimuler, car je ne voulais pas révéler mes émotions à l'homme en kaki. J'ai lu ces deux lettres magnifiques, écrites par deux amies de longue date, des amies du Canada! Comment ces lettres étaient-elles parvenues jusqu'à moi? Je l'ignorais, mais elles m'apportaient un immense souffle de bonheur.

J'ai ensuite examiné les trois photos. Bizarre! Deux d'entre elles étaient des photos de moi. La première avait été prise sur l'île de Vancouver, par Luca, chez son cousin. J'étais assise sur un immense tronc de séquoia et j'étalais un large sourire, fière de ma gigantesque chaise en bois. Le séquoia est un arbre impressionnant qui peut mesurer jusqu'à 110 mètres de haut et plus de 40 mètres de circonférence. La deuxième photo avait été prise sur une montagne près du lac Maligne, dans le parc national de Jasper. J'ai compris que ce n'étaient pas simplement deux photos de moi qu'on m'avait m'envoyées, mais bien des photos de *moi au Canada*! J'aurais tant voulu me retrouver encore assise sur ce séquoia, à sourire à Luca. Je rêvais de retourner gravir cette montagne, d'y prendre une grande bouffée d'air frais à saveur de liberté. Sur ces photos, j'étais encore innocente. J'avais le sourire d'une jeune femme pleine de rêves et de courage. Le sourire d'une femme qui ne se doute pas de ce qui l'attend. Ça faisait si longtemps que je n'avais pas éprouvé ce sentiment de joie et de bien-être.

L'homme en kaki m'importunait en m'observant ainsi: il m'empêchait de rêvasser à mon aise. J'ai donc reporté mon attention sur la troisième photo. J'ai reconnu mon père! Lui et moi nous affrontions au bras de fer. Cette photo avait été prise sur le vif; crispés sous l'effort, nous éclations de rire. Elle était magnifique, cette photo! Je l'ai reçue comme un message qui m'enjoignait de rester forte. Oui, je devais être forte! J'ai soupiré et j'ai serré le cliché contre mon cœur. L'homme, toujours debout devant moi, pointait du doigt cette photo que je voulais protéger contre tout le mal du monde.

— Baba? m'a-t-il demandé.

— Pardon?

Il voulait voir cette photo que je pressais contre ma poitrine. J'ai hésité, puis je la lui ai montrée à contrecœur. Voilà maintenant qu'il désignait mon père en répétant:

— Baba ?

J'ai finalement compris ce qu'il me demandait.

— Oui, papa ! ai-je répondu en lui montrant mon père.

Ensuite, l'homme a désigné la femme sur la photo et m'a demandé :

— Mama ?

Il pensait que c'était ma mère ! J'ai aussitôt secoué la tête et pointé l'index vers moi-même.

— Non, moi !

Il a simplement hoché la tête ; il semblait pensif.

J'avais donc constaté que l'enveloppe avait été ouverte avant que le visiteur me la remette, mais aussi qu'elle avait déjà été plus épaisse. Ça se voyait aux plis des bords qui ne concordaient pas avec le contenu. Je trouvais étrange de recevoir des lettres de mes amies, mais non de ma mère, de ma sœur ni de mon père. Sans doute avaient-elles été retirées de l'enveloppe. Je connaissais bien ma famille et je savais qu'elle devait se démener pour me retrouver, mais je ne savais rien de ses démarches. Je ne savais pas non plus ce que faisait le gouvernement canadien. Il ne payerait certainement pas une rançon aux terroristes. Peut-être me cherchait-il ? Tous ces drones qui circulaient dans le ciel m'inspiraient un petit, petit, vraiment très petit espoir d'en réchapper un jour.

Ma pauvre famille ! Mes pauvres amis ! Ils devaient tous être si inquiets ! Un jour, j'avais voulu leur envoyer une lettre. J'avais demandé cette faveur à Lunettes, lorsqu'il était venu faire une vidéo avec Élisabeth. Lunettes était l'homme qui s'occupait des vidéos pour les gouvernements et les familles. Il m'avait répondu qu'il essayerait de transmettre ma missive. Je n'y avais pas trop cru, mais j'avais au moins tenté de rassurer les miens, de leur dire que j'étais vivante, que je pensais à eux et que je les aimais. Je n'ai pas été étonnée d'apprendre, à mon retour au Canada, que cette lettre n'est jamais arrivée à bon port. J'ai aussi appris que tout le monde faisait des pieds et des mains pour m'envoyer des lettres, de la nourriture, des photos, et même une paire de lunettes. Ma mère m'a raconté qu'elle avait fait un mauvais rêve, une nuit, et qu'elle avait tout de suite su que je ne voyais rien. Elle avait donc fait faire une paire de lunettes en espérant qu'elle se rendrait jusqu'à moi.

Soudain, Casse-Couilles est apparu. Il voulait voir les lettres que je venais de recevoir, alors je les lui ai montrées parce que je lui faisais un peu confiance. Jusqu'alors, il ne m'avait jamais trahie, ne m'avait jamais dépouillée de ce qui m'appartenait. Il les a donc examinées d'un œil intéressé, puis il me les a rendues en souriant. Je n'ai malheureusement pas pu m'empêcher de pleurer, les larmes étant de plus en plus difficiles à ravaler. Voyant mes pleurs, Casse-Couilles s'est touché le cœur en souriant, et j'ai fait de même en guise de réponse. Oui, ces lettres m'avaient touchée droit au cœur, il l'avait bien compris.

Casse-Couilles a ensuite désigné la femme sur les photos, et je lui ai mentionné que c'était moi. J'ai ajouté : «Canada!» en lui montrant fièrement les arbres immenses, les montagnes et les lacs de Jasper. Il a hoché la tête, puis il a fixé son attention sur l'homme de la troisième photo en attendant ma réponse.

— Papa, ai-je dit en me demandant s'il connaissait ce mot.

— Baba, a-t-il répliqué en secouant de nouveau la tête et en pressant une main sur son cœur.

Voilà que mes larmes coulaient à flots tandis que j'imitais son geste, comme si j'étais son reflet. Oui! J'aimais mon père, et cette photo me touchait énormément!

Quelle belle surprise j'ai eue ce jour-là!

Mais il ne faut pas perdre de vue que Casse-Couilles la Marmotte avait le don de vous casser les couilles... Le lendemain, il est revenu me voir et a dirigé son index vers les lettres que je relisais sans cesse, en me disant en français :

— Fini.

— Fini ? ai-je répété.

Je ne comprenais pas ce qu'il voulait, mais il insistait, il voulait que je les lui donne. J'ai été obligée d'obéir, puis il m'a souri et est reparti avec mon trésor. J'étais glacée, estomaquée... Mes lettres! Je ne les ai plus jamais revues. Je peux vous assurer que j'ai bien caché mes poèmes par la suite, que j'ai toujours écrit en cachette. J'avais compris que, tout compte fait, je ne pouvais pas faire confiance à cet homme.

À cette époque de ma captivité, il n'y avait malheureusement plus d'encre dans mon stylo, mais je l'utilisais pour graver les mots sur un carton. Je pouvais ensuite lire mes poèmes en passant un peu de cendre sur ce dernier. C'était une technique laborieuse, mais ces poèmes étaient les seules choses que je possédais et qui avaient de la valeur à mes yeux.

Heureusement que Casse-Couilles ne m'a jamais demandé de lui remettre mes trois précieuses photos ! Je me serais battue pour elles, pour empêcher cet homme de les brûler.

Curieusement, la photo de « baba » et de moi semblait faire fureur dans le cercle des djihadistes. Tout homme qui venait à ma rencontre demandait à la voir. Immanquablement, dès que je la sortais de sa cachette, chacun montrait du doigt mon père en lançant : « Baba ! » Peut-être ces hommes avaient-ils aussi des enfants. Quoi qu'il en soit, mon père devait les toucher, car, après avoir vu cette photo, ils me lançaient souvent un regard tendre en disant : « Baba. »

La lettre

Le vent ce matin-là, joueur et bandit,
Se réveilla doucement, frôlant les clôtures,
Inspecta les buissons, faisant tomber des fruits,
Se cacha dans les mèches de ma jolie coiffure...

Il me parfuma d'odeurs qu'il rapportait de loin,
Me présenta sa nouvelle collection automnale,
Posa des feuilles rouges sur ma robe de satin,
Me décoiffant un peu dans une petite rafale...

Il me vola la lettre que je tenais à la main,
S'éloigna du délit qu'il venait de commettre.
Je courais derrière lui et je criais en vain,
Car il volait, me volait, s'envolait, ce traître...

Il sifflait un peu en passant sous le train,
S'enroulant sur lui-même dans la grande collision,
En échappa la lettre qu'il livrait ce matin
Qui retomba, illisible, déchirée par l'affront.

5 août 2019
231e jour de captivité

Chapitre 30

La sculpture

APRÈS TROIS MOIS ET DEMI, le groupe de Papadou, qui était de retour, m'a fait changer de campement. Je n'avais jamais passé tant de temps au même endroit. Les gardiens que j'avais eus avant les Touaregs avaient l'habitude de me déplacer à chaque changement d'équipe.

J'ai donc inspecté mon nouveau chez-moi en faisant le tour de l'arbre. J'ai alors constaté que la terre était différente, qu'il ne s'agissait plus de sable à proprement parler. En fait, si on la mouillait un peu d'eau, cette terre se compactait très bien, ce qui signifiait que je pourrais en faire des sculptures. Poussée par un élan artistique, j'ai eu l'idée d'embellir ma nouvelle demeure. J'ai aussi découvert autour de mon arbre de jolies roches colorées qui me serviraient à décorer mon territoire. J'ai disposé en spirale des pierres rouges, roses, ocre et d'un bleu cristallin dans un dégradé de coloris qui se terminait par des fragments ivoire. J'étais heureuse ; j'avais l'impression d'habiter un espace zen d'où émanaient de bonnes énergies. J'ai ensuite réalisé une sculpture que je placerais à l'entrée de ma demeure.

J'ai passé trois jours à travailler à cette œuvre, j'y ai mis tout mon temps, et Dieu sait combien j'en avais. J'ai créé un visage d'homme, plus précisément d'un Amérindien, grandeur nature, qui sortait de

terre avec sa grande coiffe de plumes. Le voulant réaliste, j'ai pris la peine de lui façonner des paupières. J'aimais bien l'idée qu'il soit le gardien du soleil, alors j'ai sculpté un énorme soleil dans la terre. Voilà! Maintenant, mon arbre était sans nul doute le plus joliment décoré du désert!

J'avais baptisé Amano-Pierre un des hommes du deuxième groupe. Dans le début de la vingtaine, il était le plus jeune des quatre. C'était surtout lui qui s'occupait de moi, qui m'apportait de l'eau pour que je me douche, de là le nom d'Amano, parce que *aman* veut dire « eau » en tamasheq. L'autre élément de son nom venait de ce qu'il lançait des pierres aux chameaux et aux ânes pour les faire déguerpir. C'est le seul homme que j'ai connu qui utilisait cette technique un peu barbare; néanmoins, il était gentil et plein d'attentions pour moi. Il n'était pas comme le Coq: il ne ressentait pas le besoin de me dominer et ne m'a jamais demandé de baisser mon regard sur ses pieds.

Le jour était maintenant venu de dévoiler mon gardien du soleil à Amano-Pierre, ce que j'ai fait quand il m'a apporté ma nourriture. La sculpture n'était pas placée dans le champ de vision des hommes; j'ai donc dû diriger son regard du doigt.

— *Maglianne, labasse*, lui ai-je d'abord dit.

En tamasheq, *maglianne* signifie « bonjour » et *labasse*, « ça va? ». Ensuite, lorsque je lui ai montré ma sculpture, son visage s'est contracté. Il semblait ébranlé. Il s'est aussitôt tourné vers moi pour que je lui explique ce que c'était. Voyant son trouble, j'ai essayé de lui faire comprendre, en lui montrant la terre, qu'il n'avait rien à craindre, que ce n'était qu'une sculpture inoffensive. Amano-Pierre m'a donné mon bol de nourriture et a tourné les talons, encore troublé. J'ai pensé que, en apercevant mes œuvres, le visage entouré de plumes, le soleil et toutes ces pierres en spirale, il avait sans doute craint que j'aie usé de sorcellerie. Les Touaregs avaient immensément peur de cela.

Le lendemain, c'est le chef de l'équipe qui est venu me porter mon repas. Le jeune Amano avait dû lui dire qu'il y avait un visage au pied de mon arbre, car, dès son arrivée, il a regardé dans cette direction. J'avais baptisé cet homme Papadou parce que j'étais certaine qu'il avait des enfants. Il avait le regard d'un papa. Mon groupe de gardiens se divisait en deux : les gentils et les bêtes. Les deux gentils étant Amano-Pierre et Papadou.

Papadou m'a demandé par des gestes ce que signifiaient ces ornements, mais c'était bien difficile à expliquer. À lui aussi j'ai essayé de faire comprendre que ce n'était qu'une sculpture anodine. Il a hésité, puis il m'a donné ma nourriture et est reparti, l'air dubitatif.

Le troisième jour, c'était au tour du Second, le bras droit du chef, de se présenter. Habituellement, il ne se montrait ni méchant ni gentil ; il se contentait de me donner ma pitance sans me regarder. Il ne m'avait jamais adressé la parole, pas même en tamasheq, mais, cette fois, comme les autres, il a voulu comprendre le sens de ma sculpture. J'ai encore tenté de m'expliquer, mais le Second n'a pas paru convaincu. Il est reparti sans rien ajouter.

Force était de constater que mes œuvres artistiques troublaient les moudjahidines. Secrètement, j'éprouvais un certain plaisir à lire la peur dans leurs yeux. Je me disais même que cela pourrait éventuellement jouer en ma faveur. En tout cas, j'étais certaine que je n'avais pas fini d'en entendre parler !

Le lendemain, le Coq est venu me porter ma ration. J'attendais sa réaction avec impatience. Lorsqu'il a indiqué du doigt le visage de l'Amérindien, j'ai simplement souri. Il m'a fait signe de détruire ma sculpture, mais je lui ai fait comprendre que je ne lui obéirais pas. Comme aux autres, je lui ai dit qu'il n'avait rien à craindre de ce visage de terre. La peur dans le regard, il m'a tendu mon bol de *taguella*. Il m'a de nouveau fait signe de démolir mon œuvre, puis il est parti sans me laisser le temps de répondre.

Ceux qui me connaissent savent que je n'aurais pas détruit mon gardien du soleil. Pas dans ces conditions. Mais, évidemment, cette histoire était encore loin d'être terminée…

Folie et ses statues de sable

J'ai croisé une statue sur un autre territoire,
Derrière une frontière qui ne m'était pas destinée.
Je l'ai traversée sans le savoir,
Avançant vers la statue d'un guerrier abîmé...

J'entendais Folie qui courait partout,
Je lui ai crié de ne pas venir nous voir.
C'est sur sa terre que je suis tombée à genoux,
Blessée par la solitude qui me traversait le corps...

Je m'étais cachée derrière le bouclier
Que l'homme soutenait, figé, en combat.
J'aurais tant voulu me faire protéger,
Mais la statue de l'homme ne bougeait pas...

Folie rôdait tout autour de nous,
Le vent sifflait dans sa robe déchirée,
Je l'entendais courir avec son rire un peu fou,
Faisant voler les sables qui nous avaient piégés...

Folie s'était lentement rapprochée,
Admirant ses belles statues de sable,
La femme épuisée suppliant le guerrier,
Perdue dans son désert de fables.

11 septembre 2019   268e jour de captivité

La rébellion

NOUS ÉTIONS MAINTENANT en décembre, ça faisait donc un an que j'avais été capturée. Ai-je besoin de dire que j'en avais royalement marre ? Luca et moi étions séparés depuis neuf mois, et je ne savais rien de ce qu'il était advenu de lui. Était-il vivant ? Était-il rentré en Italie ? Avait-il essayé de s'échapper ? Tant de questions me taraudaient l'esprit. Pour ma part, j'étais entre les mains des Touaregs depuis quatre mois dans le nord du Mali, toute seule, contrainte à rester immobile jour et nuit. J'en avais jusque-là !

Ce n'était pas l'heure du repas, pourtant j'entendais venir des pas. C'était le Coq ! Il me rendait visite pour vérifier si j'avais exécuté ses ordres de la veille. Il aurait souhaité voir le sol nettoyé de mes œuvres d'art. J'étais très heureuse de lui montrer que mon guerrier du soleil était intact et plus beau que jamais ! Visiblement outré par mon refus d'obtempérer, il a rebroussé chemin. Avec un petit sourire de satisfaction aux lèvres, j'ai tendu l'oreille : le Coq n'était pas content du tout, je l'entendais gueuler au loin. Les voix de Papadou, du Second et d'Amano-Pierre s'entremêlaient dans le désordre. Quelle tournure prendraient les événements ?

Puis, encore des pas. Cette fois, c'était Amano-Pierre. Les autres avaient envoyé le plus jeune faire le sale boulot. Il s'est arrêté au pied de mon arbre, a regardé mes sculptures et, désignant mon soleil du doigt, il m'a demandé ce que c'était.

— *Tafouk*, ai-je répondu en tamasheq.

Il a fait signe que non, que je n'avais pas le droit de sculpter un astre : l'islam l'interdisait. J'avoue qu'il m'a prise un peu au dépourvu, puisque je m'attendais plutôt à devoir me battre pour sauver mon Amérindien. Je pouvais bien sacrifier le soleil si c'était ça le problème. J'ai trouvé sa demande beaucoup plus raisonnable que celle du Coq, alors j'ai anéanti le corps céleste pour lui faire plaisir, mais aussi pour calmer les autres. Mon gardien du soleil serait finalement le gardien du compromis. Amano-Pierre est reparti, la mine soulagée.

Je l'aimais presque, ce jeune homme. Je le trouvais plus intelligent et plus brave que le Coq. Il s'était battu pour moi plusieurs fois. Par exemple les jours où il n'y avait presque plus d'eau et que je lui en demandais quand même pour me laver. Je l'entendais au loin argumenter en ma faveur contre les autres hommes. Il revenait presque toujours souriant, avec un peu d'eau. Il y a une semaine dans le mois où une femme a absolument besoin de plus d'eau que d'habitude. Mais, là-bas, nous n'avions pas le droit de mentionner quoi que ce soit en rapport avec nos règles. Ce n'était jamais une période facile pour moi ; je devais toujours user d'imagination pour me sortir de ce désastre sans qu'il y paraisse.

Voici une histoire parmi tant d'autres...

En février, après la fuite dans le désert avec les moudjahidines, Luca et moi étions restés deux semaines sous un acacia en attendant le retour de Barbe Rousse. Coup de chance, j'étais menstruée, et tout ce que nous avions sur nous, c'était le peu de vêtements que nous portions depuis le début. Or, durant ce mois, après le coucher du soleil, la température baisse radicalement dans le désert et peut atteindre le point de congélation. Comme nous manquions de couvertures et de vêtements chauds, nous étions frigorifiés. Le premier jour de mes règles, j'avais dû dire à Luca que je ne savais pas quoi utiliser pour absorber le sang. De plus, nous avions droit à si peu d'eau que je ne voyais pas comment m'en sortir.

— Prends ça, m'avait-il dit en me tendant sa seule paire de chaussettes. Et je vais leur demander plus d'eau, ne t'inquiète pas.

— Mais non, Luca ! Tes pieds vont geler cette nuit !

Il avait insisté. Avais-je le choix ? Cet héroïque et chevaleresque Luca m'avait sauvé la vie une fois de plus. Et le pauvre s'était gelé les pieds. Plus tard, avec les femmes, on m'avait donné des bouts de tissu avec lesquels j'avais pu fabriquer quelque chose d'à peu près absorbant.

Revenons maintenant à cette sculpture...

Deux jours après la destruction de mon soleil, il y a eu du mouvement chez les hommes. Le chef et le Second ont quitté le campement, me laissant entre les mains des deux jeunes. Ceux-ci se sont installés autour du feu pour boire le thé, je les entendais discuter avec obstination. Manifestement, ils étaient en désaccord. D'après le ton des échanges, j'avais l'impression qu'Amano-Pierre essayait d'empêcher l'autre de faire quelque chose.

Mon intuition devait être bonne, car le Coq est venu me voir quelques instants plus tard, le torse bombé, une racine d'acacia dans la bouche. Debout au pied de mon arbre, il m'a montré l'Amérindien en m'ordonnant de le détruire. Quoi ?! Je suis devenue furieuse ! Jamais je ne détruirais ma pauvre sculpture sous le prétexte que j'avais blessé l'orgueil du Coq en acceptant de détruire mon soleil pour faire plaisir à Amano. Je lui ai fait signe que non en prenant la peine, encore une fois, de lui montrer que mon Amérindien était inoffensif. Il a refait de la main le geste d'écraser mon œuvre avec dédain. Il n'en était pas question ! Pour qui se prenait-il, celui-là ? Voulait-il me faire croire qu'il était le chef en l'absence de Papadou ?

J'ai compris que je devais donc choisir entre deux possibilités : ne pas détruire ma sculpture, auquel cas je serais fautive et punie pour désobéissance ; ou mettre le Coq dans son tort pour m'avoir donné des ordres à l'insu de son chef.

Voici mon point de vue : le rôle des gardiens est de retenir prisonniers les otages pendant que les chefs tentent de négocier avec les gouvernements. C'est assez simple : un otage doit pouvoir manger et boire ; il ne doit pas s'enfuir ni être vu. J'avais donc une certaine valeur pour eux, sinon ils ne m'auraient pas nourrie pendant un an et n'auraient pas chargé tant d'hommes de veiller sur moi. J'aurais d'ailleurs été curieuse de savoir combien d'argent ils avaient dépensé pour ma petite personne, semoule et moutons inclus, et combien ils espéraient en tirer. La guerre coûte cher, et nous leur servions de monnaie d'échange. Bref, la mission des gardiens était de préserver la valeur marchande de leur bien — en l'occurrence... moi !

Par conséquent, ma décision était prise : je me suis levée et j'ai pulvérisé l'Amérindien d'un grand coup de pied ! Le Coq en a écarquillé les yeux. Il ne s'attendait pas à une telle furie de ma part. Ensuite, j'ai saisi mon bol de nourriture et l'ai lancé au loin comme un frisbee. Le Coq avait compris le message : je ne mangerais plus et, de ce fait, je mettais leur mission en péril. Sur ce, il a couru retrouver Amano-Pierre avec son air de chien battu. Je les ai ensuite entendus parler fort, élever le ton.

Quelques minutes plus tard, Amano était devant moi. Il a désigné le bol qui gisait par terre, au loin, et il m'a fait signe d'aller le ramasser. Bon ! J'avais tout à coup le droit de me promener ; j'en profiterais pour me dégourdir un peu les jambes. J'en avais marre de ces hommes qui me traitaient comme un animal et je voulais donner une bonne leçon au Coq. Pour y parvenir, j'étais prête à refaire une grève de la faim. J'en avais certes payé le prix de ma sculpture, mais je voulais qu'on me respecte, à la fin ! Depuis le temps que j'étais prisonnière, je les avais bien analysés, ces hommes, et je connaissais leurs points faibles. C'était à moi de jouer, maintenant.

À l'heure du dîner, le Coq a envoyé Amano chercher mon bol pour le remplir de nourriture. J'ai bien fait comprendre à Amano que c'était fini, que je ne mangerais plus, que j'étais très fâchée. Il est reparti la mine basse. Les deux jeunes djihadistes étaient devenus nerveux : leur chef leur avait ordonné de veiller sur moi pendant deux jours, et maintenant, par leur bêtise, ils avaient tout bousillé. C'était grave pour eux de ne plus pouvoir faire obéir leur otage. Je me souvenais de Barbe Rousse qui nous avait menacés de sa kalachnikov pour nous « inviter » à nous alimenter...

Le lendemain, j'ai encore entendu les deux jeunes discuter. Vers midi, le Coq est venu me porter de la nourriture. Intérieurement, je souriais, car le Coq avait perdu sa fierté vaniteuse ; je lisais même dans ses yeux qu'il avait peur de moi. Je me suis levée et lui ai fait signe de reculer immédiatement, qu'il était sur mon territoire et que je ne mangerais pas. Je bombais même le torse pour l'intimider, comme il l'avait fait lui-même la veille. S'il cherchait la bagarre, il trouverait une adversaire hors pair et désespérée.

Je rigolais un peu dans mon for intérieur parce que cette attitude était contraire à ma personnalité. Je tenais cependant à déstabiliser le Coq et à lui montrer les conséquences de ses erreurs. Il n'était pas bien brave, je dirais même qu'il était peureux. Il a pivoté et est reparti presque en courant. Bien ! Ça me faisait plaisir d'avoir repris un peu la maîtrise d'une minuscule parcelle de ma vie. Je n'avais pas une grande marge de manœuvre, mais cette rébellion à ma mesure m'occupait l'esprit et me faisait un bien fou.

À l'heure du repas suivant, Amano est apparu. J'ai tenté de lui expliquer encore une fois, à l'aide de gestes et des mots tamasheq que j'avais appris, que je ne mangerais pas, que j'en avais assez d'être leur prisonnière. Je crois que, cette fois, il a bien compris, car, avant de repartir, il m'a expliqué que leur tâche consistait à me nourrir et à me donner de l'eau. Je le sentais nerveux : le chef reviendrait bientôt, et Amano ne savait plus comment reprendre l'affaire en main. Tant pis pour lui.

Après deux jours d'absence, le Second est revenu. Je me suis dit que les deux jeunes lui feraient immédiatement leur rapport, et je me suis demandé si cet homme, qui habituellement m'ignorait, viendrait vers moi. Eh bien, oui ! Il s'est déplacé vers MON territoire. Il semblait être au fait de la situation lorsqu'il s'est planté devant moi. Il était étrange de le voir me regarder. Je ne bougeais pas, j'attendais. Il a fini par me tendre un bol de lait, que j'ai refusé. Il n'a pas insisté et s'est contenté de retourner près du feu. Je crois qu'ils avaient pris le parti d'attendre le retour du chef pour aviser.

Papadou est rentré au bercail une heure plus tard. Les quatre hommes se sont alors réunis autour d'un thé pour discuter de la marche à suivre. Peu après, un verre de thé à la main, Papadou m'a rendu visite.

— *Maglianne, labasse?*

J'ai refusé le verre de thé qu'il me tendait et j'ai attendu qu'il s'approche davantage. Il s'est accroupi pour être à ma hauteur ; son regard était plein de compassion, et ça m'a secouée. Les larmes aux yeux, j'ai essayé de lui faire comprendre que j'étais captive depuis un an, qu'ils m'avaient arrachée à mon mari neuf mois auparavant, que je ne savais plus où il était ni même s'il était vivant, que j'étais en train de devenir folle de solitude, et que tout ça était inhumain.

Soudain, je me suis tue et j'ai pris une profonde inspiration. Étais-je en train de parler dans le vide ? Comment pouvait-il me comprendre, lui qui ne maîtrisait pas le français ? Il a alors sorti un bonbon d'une poche et me l'a offert. C'est à cet instant qu'il a hérité du nom de Papadou : il avait le regard d'un père qui ne sait plus quoi faire pour réconforter son enfant. Mais ces instants de douceur et de compassion ne m'aidaient pas, et les larmes ont coulé encore plus abondamment sur mes joues. Il y avait si longtemps que je n'avais pas ouvert les vannes que ça coulait tout seul.

J'ai refusé le bonbon et j'ai dit que je voulais de l'eau, parce que l'eau venait d'Allah, mais que je ne voulais rien de plus. Pas de lait, pas de thé, pas de nourriture, et surtout pas de bonbons ! Il m'a alors proposé de l'eau pour que je prenne une douche. J'ai hésité un instant, et puis j'ai accepté. On m'a ensuite apporté de l'eau, et je me suis éloignée pour me laver.

Papadou avait vu juste : la douche m'a apaisée. Ça fait toujours du bien moralement de se laver. Une femme se sent toujours mieux quand elle est propre et parfumée comme une fleur.

Mais je n'allais pas manger pour autant...

Âme sauvage

J'ai l'âme sauvage qui hurle la nuit,
Elle fait des ravages dans mon ventre,
Elle voudrait être libre, elle se tord d'ennui,
Elle pleure toute seule dans mon centre...

Je l'entends grogner à l'intérieur,
Elle tourne en rond, elle montre les crocs,
Je voudrais survivre, je ne veux pas qu'elle meure
Elle voudrait s'enfuir, elle me gruge la peau...

Je crois qu'on l'a trop blessée,
Elle reste abattue dans mon regard qu'elle habite,
Je me souviens quand rien ne pouvait l'arrêter,
Maintenant je la sens tapie dans mes tripes...

Je hurle avec elle, nous nous tordons d'ennui,
On nous a piégées et mises dans une cage,
J'ai l'âme sauvage qui hurle à la vie
Et je tourne en rond avec elle sous l'orage.

20 novembre 2019
338e jour de captivité

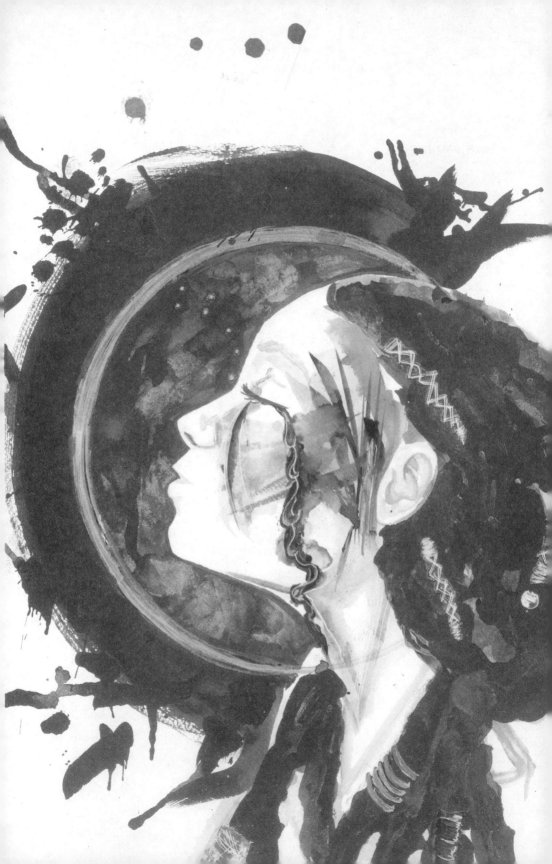

Chapitre 32

Crazy
eyes

JE NE ME DOUTAIS PAS de ce qui se tramait pendant que je me douchais. Papadou avait fait un appel important en vue de régler le « problème » : si aucun des membres du groupe n'arrivait à me convaincre de manger, quelqu'un d'autre devrait s'en occuper.

Nous étions en décembre. Depuis quelques jours, le vent froid soufflait sans faiblir. Se laver dans ces conditions, avec de l'eau glacée par surcroît, est désagréable. J'ai donc fait vite et n'ai pas utilisé la totalité des cinq litres d'eau qu'Amano m'avait apportés. Le reste servirait à faire la lessive.

Avant même de regagner mon acacia, j'ai aperçu une camionnette, au loin, qui venait vers nous. Désormais, je voyais rarement ce type de véhicule. Les Touaregs se déplaçaient à moto ; une camionnette annonçait probablement la visite d'un chef plus important. Je me doutais bien que cela avait un rapport avec ma grève de la faim.

Le Coq et Amano ont vite quitté le campement à moto, avant l'arrivée de la camionnette. Papadou ne comprenait pas pourquoi je ne mangeais plus, mais je crois qu'il tenait les deux jeunes djihadistes responsables de ces complications. Lorsque Papadou et le Second ont accueilli les deux visiteurs, la tension était palpable. D'après ses manières et ses habits, l'un d'eux devait être un dirigeant de l'organisation. L'autre était son chauffeur.

Il était 16 h, l'heure de la prière de l'après-midi. Le Second a fait l'appel et les quatre hommes ont fait leurs ablutions. Ensuite, le grand chef, tenant le rôle de l'imam, a dirigé la prière à la place de Papadou, ce qui indiquait son statut dans la hiérarchie.

La prière terminée, le grand chef est venu vers moi. Je l'appellerai Crazy Eyes.

— Bonjour, Edith, ça va ?

J'ai eu un choc en l'entendant prononcer mon prénom.

— Oui, ai-je répondu sans trop réfléchir.

— Ah oui ? Pourtant, les hommes m'ont dit que tu ne veux plus manger.

Crazy Eyes souriait en prononçant ces paroles dans un français impeccable. Il s'est ensuite agenouillé confortablement sur le sable, devant moi. Je n'avais pas confiance en lui, d'étranges vibrations se dégageaient de sa personne. Il avait le regard d'un homme qui sait se faire obéir, coûte que coûte. J'essayais de le jauger, mais en fait je ne savais pas comment m'y prendre avec lui, je ne savais pas quoi dire.

Le chauffeur nous a rejoints, a posé une grosse boîte à côté de mon tapis, et à un signe de son chef il s'est assis par terre. Visiblement mal à l'aise, nerveux, comme s'il était déjà prêt à se relever, il n'osait pas me regarder.

Étant donné que Crazy Eyes paraissait dangereux, il m'a semblé prudent de renoncer au rôle de combattante, que je jouais avec les gardiens, pour adopter le profil bas d'une femme plus soumise.

— Vous me gardez captive depuis un an, ai-je commencé précautionneusement. Vous m'avez séparée de mon mari, et je ne sais même pas s'il est vivant ou...

— Je sais tout, m'a interrompu Crazy Eyes.

Eh bien ! C'était la première fois que je tombais sur quelqu'un qui savait tout. J'en ai profité pour lui poser les questions qui me brûlaient les lèvres depuis des mois :

— Est-ce que Luca va bien ?

— Il est vivant et c'est tout ce qui compte. Il est vivant, et tu es vivante aussi.

— A-t-il été libéré ?

— Il est avec nous, a répondu l'homme avec un étrange sourire.

— Je veux qu'on me remette avec lui.

— Je ne peux pas vous remettre ensemble. Par contre, voici ce que je te propose : nous pourrions faire une vidéo avec Luca, juste pour toi, mais en échange tu dois renoncer à ta grève de la faim.

J'étais bouche bée. Une vidéo de Luca ! Je pourrais le voir en vie, savoir comment il allait ! N'ayant jamais été une bonne négociatrice, j'ai lancé, pleine d'espoir :

— Je veux voir cette vidéo ! Je l'aurai quand ?

— Je dois envoyer un homme là-bas, ça pourrait prendre une semaine, mais quoi qu'il en soit tu dois recommencer à manger, même s'il devait y avoir un léger retard.

— O.K. !

Je venais d'accepter ce marché en souriant comme une enfant. Crazy Eyes satisfait, son chauffeur s'est soudainement détendu. Je me doutais bien que si je n'avais pas accepté sa proposition, il aurait employé une autre méthode. Voyant que j'étais coopérative, il m'a alors dit :

— Tu vas aussi lire le Coran et apprendre les prières pour devenir une bonne musulmane.

J'ai froncé les sourcils. Je devais faire attention à ce que j'allais lui répondre.

— Pour l'instant, ai-je répondu, je n'ai pas envie de me convertir à l'islam, et je ne crois pas que c'est pour cette raison que vous êtes venu.

— Tu vas devenir musulmane ! Tu vas prier Allah !

— Vous savez, j'ai du respect pour votre religion et...

— Respect ? m'a-t-il interrompue, le regard furieux et indigné. Ce n'est pas du respect ! Tu vas devenir musulmane ! Si nous mourions et que nous nous retrouvions tous les deux devant Dieu, il me demanderait pourquoi je ne t'ai pas convertie. Tu voudrais que je lui réponde quoi ? Que j'ai essayé, mais que tu n'as pas voulu m'écouter ? Non ! Tu es une mécréante et tu es un animal aux yeux de Dieu si tu refuses l'islam.

Je n'en croyais pas mes oreilles! Lui, mon ravisseur, se ferait bien voir de Dieu, tandis que moi, qui ne ferais pas de mal à une mouche, j'irais en enfer? Quelle mentalité étrange! Le pire, c'est que Crazy Eyes était absolument convaincu de ce qu'il disait. Je ne savais plus trop comment lui répondre, la religion étant une question très délicate à traiter.

— Je ne suis pas mécréante, je crois en Dieu, ai-je dit le plus diplomatiquement possible. Pour moi, Dieu, c'est la Vie, et je la remercie de tout ce qu'elle me donne.

— Oui, mais notre prophète, Mahomet...

Cette fois-ci, c'est moi qui l'ai interrompu:

— Vous me parlez de mécréance, et moi je vous dis que je crois en Allah, en Dieu, en la Vie, appelez-le comme vous voulez, ce n'est qu'un nom. Par contre, votre prophète n'est pas Dieu, c'est le fondateur de votre religion, ce n'est pas la même chose. Je suis une enfant de Dieu, tout comme vous.

Il a levé la main pour me faire taire et pour m'expliquer de nouveau son marché:

— D'abord, tu vas manger. Ensuite, tu recevras une vidéo de ton mari. Finalement, tu deviendras une bonne musulmane et tu prieras Allah.

Il m'a alors montré du doigt la boîte que son chauffeur avait déposée à côté de mon tapis à son arrivée. Plongeant dans mes yeux son regard inquiétant, il a dit:

— Cette boîte contient des biscuits aux dattes, ils sont pour toi. Je ne partirai pas avant que tu en aies mangé.

Tout en prenant un biscuit dans la boîte, j'ai précisé que je me nourrirais en attendant impatiemment la vidéo de Luca, mais je n'ai pas dit expressément que je me convertirais à l'islam. En fait, sa requête ne prêtait pas à discussion; c'était tout simplement un ordre.

Le grand chef était satisfait, tout s'était bien déroulé, il n'avait pas été obligé de sévir.

La femme lui avait obéi.

‹ À l'âge de 29 ans, dans la vallée de l'Okanagan, en 2014.

˩ Sur l'île d'Ometepe au Nicaragua, 2015. À l'arrière-plan, le volcan Concepción, 1610 mètres.

˅ Flores, Guatemala, 2015. J'ai passé une année entière sans chaussures, car j'ai toujours adoré sentir le sol sous mes pieds nus.

˄ ‹ Notre premier voyage
ensemble en Californie,
en 2016. Je vous présente
Luca et le *hippie bus* !

˥ Ma mère me rend visite
au Costa Rica, 2015.

˥ Moi, Luca et le patron et
propriétaire du petit café
Red Dragon, 2017.

› San Francisco, 2017.

Au Maroc, en route vers Ouarzazate, 2018.

‹ Dans les dunes de la
  Mauritanie.

˅ Notre magnifique voiture
  en Mauritanie.

› Petite pause-café avant
  de reprendre la route.

^ Un voyage en pinasse sur
  le fleuve Niger, à Bamako.

❯ Le village. De gauche à droite :
  le chef, le frère du chef,
  un petit, Luca et l'interprète.

˅ Le village tout près de Sikasso,
  au Mali.

› Un retour au Québec après un an et demi d'absence pour saluer ma famille et mes amis avant de partir pour la Suisse, 2015. C'est la fameuse photo de mon « baba », que j'ai reçue au cours de ma captivité dans le désert.

⌃ Avec le chef de la MINUSMA, après notre libération.

⌄ Ma sœur et moi, après mon retour, en juin 2020. Nous avons fait le tour de la Gaspésie ensemble et parcouru les parcs nationaux.

⌃ Au Bic, lors du même voyage.

Les dieux

Le nectar des dieux coulait à flots,
Ils s'étaient tous réunis autour d'un nuage,
Les déesses semaient dans les jardins d'en haut,
Faisant pousser la flore sur une terre sans images...

La foudre s'échappa du dieu des orages,
Éclatant le noir, électrisant le ciel.
Ils applaudirent, le chœur illuminant les visages
Devant ce joli spectacle de lumières éternelles...

Le dieu de la nuit s'éclipsa un instant,
Plaça ses étoiles en écriture céleste,
Il voulait écrire partout dans le néant,
Illuminant l'Univers, partageant sa sagesse...

Le vent déboula dans un grand entonnoir,
Déroulant jusqu'au sol, se livrant sur la terre.
Il s'étira un peu, étudiant son territoire.
La déesse du vent partageait avec nous son air...

Une autre colorait toutes ses semences,
En lança quelques-unes dans le ciel épuré,
Les couleurs éclatèrent, explosant en cadence,
S'éparpillant en tombant, vibrantes de beauté...

La terre naissait, fixée à zéro,

Commençait à tourner avec le dieu du temps.

Les vagues plongeaient en rythmant les eaux,

Déposant leur musique sur les sables blancs...

Le dieu du mouvement embellissait l'avenir,

Inventant les destins qui prenaient la route.

Il en croisait quelques-uns qui lui faisaient plaisir,

Souriait devant ceux qui le mettaient en doute.

Chapitre 33

La vidéo

JE SUIS TOMBÉE MALADE à la suite de ma grève de la faim de trois jours. Je crois que mon corps était trop faible pour me permettre cet écart. De plus, à cause du vent qui soufflait jour et nuit, mon organisme n'avait aucun répit. Je faisais de la fièvre et j'avais l'estomac trop bouleversé pour m'alimenter. J'ai eu beaucoup de mal à remonter la pente.

J'essayais de faire comprendre à mes geôliers qu'il ne s'agissait plus d'une grève de la faim, mais d'une indisposition. Je voulais voir la vidéo de Luca, mais je ne parvenais pas à tenir la part du marché que j'avais conclu avec Crazy Eyes. Le matin, Amano m'apportait du lait chaud sucré ; c'était la seule chose que j'arrivais à avaler. Heureusement, mon état s'est graduellement amélioré et, au bout d'une semaine, j'ai recommencé à manger un peu — *chouya, chouya,* comme on dit en tamasheq.

Dans les environs du 25 décembre — j'avais perdu le fil du temps —, une moto inconnue est apparue. Depuis quelques jours, Casse-Couilles la Marmotte et ses hommes étaient de retour pour me surveiller. C'est Casse-Couilles qui a accueilli le visiteur. Peu après, ils sont venus vers mon territoire en riant et en parlant fort.

— *Maglianne*, les ai-je salués.

L'inconnu me souriait béatement, comme un enfant sur le point de révéler un secret. Je me demandais bien pourquoi il était si content de me voir et aussi pour quelle raison Casse-Couilles semblait si amusé.

— Vidéo ! m'a lancé l'inconnu.

— La vidéo de Luca ? Vous avez la vidéo de Luca ?

L'homme hilare m'a fait signe qu'il ne comprenait pas le français et il a répété « vidéo ! » en me tendant son téléphone. Mon cœur s'est emballé ! Le sang pulsait si fort dans mes tempes que j'en étais tout étourdie. Je n'arrivais pas à y croire. Enfin ! quelqu'un avait respecté sa parole ! J'allais voir mon petit Luca !

J'ai saisi fébrilement le téléphone du visiteur, et mes yeux se sont rivés sur l'image fixe de Luca, sur cette vidéo qui attendait que j'appuie sur la commande *play*. L'inconnu s'est mis à rire en remarquant à quel point j'étais bouleversée. En fait, j'avais peur de ce que j'allais découvrir. Il s'est alors penché afin de lancer pour moi la lecture de cette vidéo. Luca s'est alors mis à vivre sous mes yeux. J'avais le regard fixé sur sa bouche, puis j'ai contemplé ses yeux, sa barbe, ses cheveux courts, ses mains plutôt propres, ses vêtements, et de nouveau ses lèvres qui bougeaient en émettant des sons. Je n'arrivais pas à comprendre ce qu'il disait parce que les deux hommes à côté de moi parlaient fort. Je leur ai fait signe de se taire. Je devais avoir un drôle d'air, car ils se sont mis à rire. Puis l'inconnu a fait signe à Casse-Couilles de me laisser seule et il m'a fait comprendre que je pouvais regarder la vidéo aussi souvent que je le voulais avant de lui rendre son appareil.

Dès que l'inconnu et Casse-Couilles sont repartis vers le territoire des hommes, j'ai vérifié si je ne pouvais pas appeler des secours, mais malheureusement il n'y avait pas de réseau. Au moins, j'allais enfin pouvoir entendre Luca. J'ai donc relancé la vidéo. Luca ne semblait pas mal en point, il me disait qu'il se portait bien, de ne pas m'inquiéter pour lui, que nous devions garder espoir à tout prix, qu'un jour nous nous en sortirions. Lorsqu'il m'a annoncé qu'il s'était converti à l'islam, mon cœur a cessé de battre. Plus un battement, plus un son, je n'entendais plus rien. Mais pourquoi, pourquoi avait-il adhéré à cette religion ? Je n'arrivais pas à comprendre. Je le connaissais bien et j'étais convaincue qu'il ne se serait jamais converti s'il n'avait pas eu une bonne raison de le faire. Il devait certainement en retirer quelque chose, mais pourquoi m'en parlait-il dans la vidéo ? Son but n'était sûrement pas de me troubler. Pourquoi, alors ?

Perdue dans mes pensées, je n'avais pas écouté la fin de la vidéo, alors je suis revenue au début. Oui, Luca semblait bien aller et, oui, il paraissait calme. Il était aussi très beau, je le trouvais magnifique même si sa barbe me dérangeait : elle lui donnait un air un peu trop musulman. C'était troublant. Il disait d'ailleurs qu'il apprenait l'arabe et lisait le Coran. Il se comptait chanceux de pouvoir s'occuper l'esprit, ça l'empêchait de devenir fou. Il m'a dit qu'il essayait de retirer ce qu'il pouvait de cette mésaventure, puis il m'a saluée en me demandant de rester courageuse et en souhaitant de tout cœur que je puisse retourner bientôt au Canada. Voilà, la vidéo était finie. Je l'ai regardée une dizaine de fois, jusqu'à la connaître par cœur, mais je restais médusée... Pourquoi s'était-il converti à l'islam ?

La nuit suivante n'a pas été de tout repos. Je me tortillais sous ma couverture en grelottant de froid dans le vent féroce et en tournant et retournant mille questions. Je repassais la vidéo dans ma tête en essayant de la décortiquer. J'avais maintenant l'impression que Luca m'avait parlé de sa conversion à l'islam dans l'espoir que je l'imiterais. Mais pourquoi ? Y avait-il une chance, si minime fût-elle, qu'on nous réunisse si je devenais musulmane ? Ce n'était pas impossible...

Pour la première fois depuis fort longtemps, un minuscule espoir s'est mis à luire au fond de mon cœur. Qu'avais-je à perdre ? Rien, je ne possédais plus rien, sauf la vie et l'espoir.

Foudroyée

La lumière s'échappait par la porte d'ébène,
Posant ses doigts sur un orage,
Avec des éclats de pureté dans lès veines,
Qui illuminaient le ciel devenu sauvage...

Elle s'électrisait dans mon regard,
M'aveuglant de ses mille brillances,
Elle voulait émerger du noir,
Explosant son corps de toute sa puissance...

J'étais foudroyée sur une terre perdue,
Encerclée par des images indomptées
Rampant derrière moi comme des ombres déchues,
Traînant, ondulant leurs noirceurs lacérées...

Un éclair traversait dans mon ventre,
Se décuplant dans mes yeux étonnés,
Délaissant sa lumière qui tournait dans mon centre,
Me figeant sur place en une image saccadée...

La foudre détonait sous ma peau,
Se frayant un chemin sous mes poils hérissés,
Faisant battre mon cœur en sursauts,
Poursuivant les frissons qui s'étaient échappés.

25 décembre 2019
373e jour de captivité

Chapitre 34

L'islami sation

— *ASH-HADOU AN La ilaha illa Allah, wahdahou la charika lah.
Wa ash-hadou anna Muhamadan Rassoullou Allah.*

Amano-Pierre était venu chez moi pour une raison que j'ignorais.
Le regard insistant, il a répété *Ash-hadou An La ilaha illa Allah.* Sans
doute voulait-il que je répète ces mots. Je me suis donc essayée à
l'arabe :

— *Ash-hudo i na llava ina lah ?*

Il s'est mis à rire. Je ne connaissais absolument rien de cette
langue qui possède des phonèmes inconnus des francophones, dont
plusieurs se prononcent avec le plat de la langue et non la pointe, ou
avec le palais, au fond de la gorge, ou en inspirant. Amano a répété,
mais cette fois en détachant lentement chaque mot :

— *Ah-hadou An La ilaha illa Allah.*

— *Ash-hadou An La ilaha illa Allah*, ai-je articulé en me concentrant.

Il m'a souri : j'avais bien prononcé cette phrase qui pourtant ne
signifiait rien pour moi. Il est reparti vers le camp des hommes, fier
de lui. Il est revenu le lendemain, puis les jours suivants, ajoutant
chaque fois des paroles de plus à sa prière.

Le troisième jour, je l'ai accueilli en récitant :

— *Ash-hadou An La ilaha illa Allah, wahdahou la charika lah. Wa ash-hadou anna Muhamadan Rassoullou Allah.*

Je ne savais toujours pas ce que ça voulait dire, mais Amano m'a fait le plus grand sourire de la terre. Je n'ai pas pu résister et je lui ai souri aussi. Ça m'avait plu d'apprendre quelque chose en arabe, j'avais pu occuper mon cerveau, et ça, ça n'avait pas de prix. Maintenant, je devais découvrir ce que ces mots signifiaient.

J'ai appris par Luca, plus tard, qu'il s'agit de la *chahada*, la profession de foi de l'islam. En français, cela signifie : « J'atteste qu'il n'y a pas de divinité en dehors d'Allah et j'atteste que Mahomet est son messager. »

En cette fin de janvier 2020, Papadou et Amano-Pierre s'intéressaient à moi plus que jamais, me rendant régulièrement visite pour m'apprendre de nouvelles phrases en arabe. La dernière fois que j'avais été sous la garde du groupe de Papadou remontait au début de décembre, à l'époque de ma rébellion, et il venait tout juste de reparaître. L'ambiance était maintenant très différente. Le Coq et le Second me parlaient et me regardaient avec une certaine forme de respect. Amano et Papadou m'apprenaient aussi le tamasheq, et moi, en échange, je leur enseignais des mots français, ce qui donnait lieu à des moments comiques, puisque nous avons aussi des phonèmes qui leur sont inconnus. Par exemple, au lieu de dire « papa », ils disent « baba » parce qu'ils sont incapables de former le son que nous associons à la lettre *p*. Ils ne comprennent pas comment mettre leurs lèvres. Un jour, j'ai essayé très fort de montrer à Amano-Pierre comment s'y prendre. Tout en s'évertuant à observer le mouvement de mes lèvres, il rigolait comme un enfant, cachant sa bouche derrière son foulard par pudeur en essayant de reproduire le phonème associé au *p* du mot « plante ». À un certain moment, nous riions si fort qu'il se roulait par terre en se tenant le ventre de douleur.

L'équipe de Papadou et moi avions appris à vivre ensemble et à nous respecter mutuellement. J'aurais pu les haïr de me faire subir de telles atrocités, de m'avoir séparée de Luca, de retenir comme otages mes amies, Élisabeth et les autres... Mais à quoi m'aurait-il servi de noircir mon cœur de haine ? J'avais à peine le courage de survivre au jour le jour, alors je n'aurais fait qu'aggraver mon sort en maudissant ces hommes. Ils ne connaissaient pas mieux, n'avaient reçu aucune éducation. Tout ce qu'ils semblaient connaître, c'étaient les préceptes du Coran qu'ils appliquaient à la lettre, comme les commandements de leurs chefs. J'ai tout de même eu beaucoup de chance : par le passé, certains groupes ont torturé et violé les captives sous le prétexte qu'elles étaient leur butin de guerre. Mais les groupes qui m'ont détenue n'avaient pas recours à ce type de pratique. Certes, ils corrigeaient les otages qui leur causaient des problèmes, et nous avons connu quelques djihadistes plus rigides que les autres, comme Barbe Rousse et Dentonné, qui sévissaient parfois sans aucune logique, mais en général ces hommes n'utilisaient pas la torture gratuite. Je n'avais jamais détesté personne dans ma vie, ce n'est pas dans mon caractère, et je n'allais certainement pas commencer à dériver sur la rivière noire de l'aigreur et de l'animosité. Bien sûr, ma bienveillance s'applique aux simples exécutants, aux petits, à mes surveillants. Je ne sais pas si j'aurais pensé la même chose devant de puissants chefs de guerre comme Iyad Ag Ghali (chef du GSIM) ou Amadou Koufa (chef des Peuls), qui ont parfaitement conscience de tout le mal qu'ils font.

Je m'interrogeais tout de même sur le soudain regain d'intérêt des hommes à mon égard. Tramaient-ils quelque chose ? Sinon, pourquoi tout à coup me traitaient-ils différemment ? Le soir où j'avais appris par cœur la *chahada*, les hommes s'étaient réjouis. C'était curieux de les voir si heureux de m'entendre dire des mots qui n'avaient aucun sens pour moi. Cela dit, l'apprentissage du tamasheq m'a été très utile, car je pouvais enfin m'exprimer et mieux communiquer avec les hommes. Nous parlions souvent des étoiles et de la lune quand j'allais me coucher chez eux après la disparition du soleil. J'essayais de leur expliquer que cette lumière qui brillait intensément au firmament n'était pas une étoile, mais la planète Vénus. Le jeune Amano m'avait dit qu'il comprenait, mais je crois que les autres étaient sceptiques. Il ne faut pas oublier que, dans le Coran, il est écrit que le Soleil décrit une orbite autour de la Terre. C'est ce qu'avaient appris ces hommes. Papadou, lui, essayait de comprendre où était le Canada. À quelle distance se trouvait mon pays du sien? Cette discussion aussi était complexe. Un jour, Papadou a voulu savoir ce que l'on mangeait au Canada. Encore une explication difficile. Je lui ai tout de même parlé du riz, me disant qu'il connaissait sûrement ça, car nous en mangions avec les Arabes du désert. Oui! s'est-il exclamé, il connaissait le riz! Ces échanges me faisaient me sentir un peu moins seule et me faisaient du bien moralement. Au point où j'en étais, et si contradictoire que cela puisse paraître, discuter avec mes ravisseurs mettait un baume sur mon esprit fatigué. C'était comme un souffle de vie.

***

Un jour, nous avons déménagé le campement, et une semaine plus tard, un après-midi, une moto est arrivée. On m'avait installée sous un énorme acacia couvert d'une multitude de fleurettes jaunes très odorantes, des plus merveilleusement parfumées. Ces petites boules tombaient sans cesse des branches et tapissaient le sol sous mon gigantesque arbre-maison épineux. Ça sentait très bon chez moi; ce parfum floral évoquait les biscuits sucrés au beurre. Malheureusement, nous ne sommes pas restés longtemps dans ce lieu et avons plié bagage deux semaines plus tard. Nous ne devions pas être assez bien cachés.

L'homme à moto est arrivé à 16 h. C'est lui qui a dirigé la prière, ce qui était le signe qu'il occupait une place plus élevée que Papadou dans leur hiérarchie. Les moudjahidines ne se déplaçant jamais pour rien, j'avais le sentiment qu'il était venu pour me voir et que sa visite avait un rapport avec les phrases arabes que j'apprenais depuis quelque temps.

Après la prière, Papadou m'a demandé de venir sur le territoire des hommes, ce qui était très inhabituel. Les seuls moments où j'avais la permission et même le devoir d'y aller, c'était après le coucher du soleil, pour y passer la nuit sous surveillance. L'inconnu m'a fait signe de m'asseoir sur le tapis qu'ils avaient mis là à mon intention.

Il s'est ensuite levé pour me montrer des phrases en arabe sur l'écran de son téléphone, mais, de toute évidence, je n'y comprenais rien. Il m'a alors chanté l'*Al-Fatiha*, la sourate d'ouverture du Coran que l'on récite au début de chaque prière. Tout musulman la connaît par cœur, cela va sans dire. Tout en chantant, il déplaçait son doigt de droite à gauche sur l'écran pour que je suive les mots arabes en même temps qu'il les prononçait. Savait-il que nous ne partagions pas le même alphabet ?

Peu après, pendant qu'il me parlait en arabe, j'ai saisi les mots « chef » et « vidéo », et j'en ai conclu qu'il avait été envoyé par Crazy Eyes pour m'islamiser. Il m'a d'ailleurs fait comprendre que, le lendemain, je devrais purifier mon corps, laver mes vêtements et prier. Lors de sa visite en décembre, Crazy Eyes m'avait offert un *jilbab* (un long vêtement féminin prolongé par une capuche) d'une belle couleur pourpre. Je n'avais pas trop compris à quoi me servirait ce vêtement. Il me semblait qu'il me camouflerait moins bien. De plus, il révélerait sans ambiguïté mon identité de femme. À présent, je comprenais mieux : je devrais l'enfiler pour ma conversion. *Mamma mia !* comme dirait Luca... Qu'allais-je faire dans cette galère ?

Le lendemain, j'ai tout fait comme il se devait : je me suis lavée et j'ai mis le *jilbab*. J'ai aussi appris à faire les ablutions, qui consistent à purifier certaines parties du corps dans un ordre prescrit. On m'a également enseigné les prières obligatoires. Une prière se fait en plusieurs étapes, et l'on doit suivre à la lettre les règles qui la régissent. Je n'ai bien sûr pas maîtrisé tous ces enseignements du premier coup, mais j'imitais de mon mieux les gestes des hommes qui se tenaient devant moi. Mon mentor, satisfait, est reparti dans le courant de la journée.

À partir de ce jour, ma vie a changé. Je m'occupais maintenant à plusieurs tâches : j'essayais d'apprendre l'*Al-Fatiha* par cœur et je faisais les cinq prières quotidiennes derrière les moudjahidines. De plus, je continuais à apprendre le tamasheq, et Papadou me montrait comment devenir une bonne musulmane.

Quelques jours après ma conversion à l'islam, le Coq a quitté le campement un matin, à moto, et plus tard dans la journée il est revenu avec un mouton entravé aux pattes. Les hommes se réjouissaient, c'était la fête! Pendant que l'un d'eux s'occupait du feu, un autre égorgeait le mouton, le découpait en quartiers, et accrochait les restes dans un arbre pour qu'ils sèchent à l'air libre, ce qui en assurerait la conservation. Ce soir-là, il y aurait un vrai festin. Je me disais que les hommes m'apporteraient sans doute des morceaux de foie, peut-être des côtes ou un bout de panse. Mais ce que je ne savais pas encore, c'est que cette fête aurait lieu en mon honneur, pour célébrer mon entrée dans l'islam!

L'odeur de la viande qui rôtissait sur le feu arrivait déjà chez moi et se mêlait au parfum de mon acacia en fleur. Soudain, au milieu des rires des hommes, j'ai entendu Papadou crier: «Didi!» Voilà comment il m'avait baptisée, incapable qu'il était de prononcer convenablement «Edith». Il m'invitait à venir avec mon bol sur le territoire des hommes. Surprise, j'ai obéi, tout en me demandant ce qui allait encore m'arriver. Le soleil s'était couché depuis peu et je distinguais à peine le visage enturbanné des hommes et leurs mains qui besognaient, s'illuminant par intermittence devant les flammes.

Papadou m'a fait signe de m'asseoir par terre et d'attendre. J'observais attentivement Amano et le Coq, qui faisaient tourner les morceaux de viande sur le feu, et Papadou qui découpait des pièces suspectes. J'en ai profité pour apprendre de nouveaux mots tamasheq. Je montrais du doigt un poumon, le cœur, le foie, et Amano-Pierre se faisait un plaisir de me dire dans sa langue le nom de ces organes. J'ai ensuite pointé du doigt un morceau que Papadou était en train de décortiquer. Amano s'est aussitôt mis à rigoler et m'a lancé: «*Halice!*» En tamasheq, *halice* veut dire «monsieur».

J'ai tourné le regard vers Papadou qui mettait maintenant des morceaux de monsieur dans mon bol tout en réprimandant Amano pour sa remarque. J'avais les yeux fixés sur cet organe de mouton et j'hésitais à le mettre dans ma bouche. Pendant ce temps, Papadou déposait d'autres morceaux dans mon bol. Du foie, du poumon, du gras frit dans un boyau, des cubes de viande à peine saisie sur les braises. J'essayais de lui dire que j'en avais assez, que je ne pourrais pas manger tout ça. J'avais un faible appétit et je n'étais pas portée sur la viande. Finalement, je n'ai rien laissé dans mon bol, sauf le gras frit.

C'était étrange de partager ce repas avec eux autour du feu; j'en étais mal à l'aise. L'hypocrisie de ce rituel me déplaisait. Une semaine auparavant, je ne valais rien, et soudain j'étais devenue leur sœur parce que c'est ce qui est écrit dans le Coran. Maintenant, j'étais vivante et je valais quelque chose aux yeux de Dieu. J'aurais préféré retourner sous mon acacia en fleur, mais je ne voulais pas leur manquer de respect ni attirer sur ma tête de nouveaux malheurs.

***

J'avais tout à apprendre sur l'islam. Fort heureusement, Papadou m'avait donné le guide du bon musulman, un livre bilingue. Il me lisait les règles en arabe pendant que je suivais la traduction française sur la page voisine. Je n'aurais jamais cru qu'un jour je me laisserais emporter dans ce tourbillon fou, mais mon esprit était enfin occupé à quelque chose, et cela valait tout l'or du monde. En outre, au plus profond de mon cœur, je nourrissais l'espoir que ma conversion me ramènerait auprès de Luca.

Un jour, avant que les hommes nous séparent, j'avais dit à Luca que je ne voudrais pas me convertir à l'islam, et ce, par respect pour les musulmans eux-mêmes. Je ne voulais pas mentir et moquer ainsi leur religion. Tout compte fait, je ne regrette pourtant pas mon choix. Je devais survivre, et cette conversion était un moindre mal. Aujourd'hui, je n'ai rien gardé de cette religion, et peu à peu j'oublie même le tamasheq et les prières. J'ai voulu tout laisser derrière moi le jour où nous avons quitté les moudjahidines.

Je tombe

Je tombe, je tombe, je tombe à l'envers
Et je tombe, je tombe, je tombe de travers.
Je roule dans les airs en tombant du ciel,
M'enroule dans les fils de lumière en dentelle...

Je tombe, je tombe, on voit sur tous les gratte-ciels
Que je tombe, que je tombe, que j'ai abîmé mes ailes.
Je culbute et je plonge dans les eaux de la mer,
Et je coule, je coule, jusqu'en enfer...

J'ai mal et je coule, je traverse la misère,
Je culbute et je roule jusqu'aux entrailles de la Terre.
Les âmes déchues m'observent et m'appellent,
Elles hurlent leurs souffrances dans les feux éternels...

Je monte, je monte, je traverse le monde
Et je remonte, je remonte sur la Terre qui est ronde,
Je m'agrippe aux racines qui tout autour m'accueillent,
Et je pousse sur terre jusqu'à ce qu'on me cueille.

2 octobre 2019
289ᵉ jour de captivité

Chapitre 35

La course contre le soleil couchant

LE 5 FÉVRIER, avant l'aube, je me suis réveillée au son de la voix du Coq qui faisait l'*adhan*, l'appel à la prière. J'avais un étrange sentiment de bonheur et de légèreté au cœur. Je ne comprenais pas pourquoi je me sentais si bien. Il n'y avait pourtant rien de fabuleux, je passerais la journée couchée sur mon tapis à attendre la prochaine prière, comme je le faisais tous les jours depuis une semaine. J'occuperais aussi une partie de mon temps à réviser dans ma tête les nouveaux mots tamasheq que j'avais appris. Je devais trouver le moyen de les employer au cours de la journée pour ne pas les oublier.

Je devais donc me lever et faire mes ablutions avant d'aller prier avec les hommes. C'était une journée comme les autres, et pourtant je me sentais heureuse comme une enfant le matin de Noël.

Avant d'adhérer à l'islam, je faisais déjà la salutation au soleil, un enchaînement de postures physiques et psychologiques pratiqué dans le yoga. J'avais maintenant remplacé la salutation au soleil par la salutation à Dieu. Cela restait pour moi un remerciement à la Vie, laquelle me répondait toujours en colorant le ciel et en apposant de magnifiques teintes chaudes sur le paysage.

Une fois la prière terminée, j'ai roulé ma couverture pour regagner mon territoire : celui de la femme. J'avais l'intention de faire un petit feu pour me réchauffer en attendant que le soleil se lève complètement. Il faisait encore froid la nuit en février, l'amplitude était grande entre les températures diurnes et nocturnes.

Plus tard ce matin-là, j'ai remarqué que le Chef et le Second portaient de nouveaux vêtements. Lorsque Papadou est passé chez moi, je me suis exclamée : « *Youhouskin !* » (c'est beau !). Il portait un habit bleu royal orné de fils dorés, qui contrastait avec sa tenue habituelle de couleur sable. Le Second, m'ayant entendu complimenter son chef, s'est avancé vers moi pour se pavaner dans son nouveau vêtement d'un très joli bleu acier.

— Eh, toi aussi, *youhouskin* !

Habituellement, ces hommes portaient toujours les mêmes habits usés et ternes ; ça faisait du bien de voir quelque chose de différent et de beau. Ça me mettait de bonne humeur !

Soudain, le soir venu, le soleil étant sur le point de se coucher, j'ai entendu le bruit d'une moto. Amano, qui était parti le matin pour une raison que j'ignorais, rentrait au campement. Peu après, Papadou est arrivé chez moi en courant et en me disant de mettre toutes mes affaires dans un sac parce que c'était la sortie, la sortie, la sortie...

Quoi ? J'allais sortir ? Sortir pour vrai ? Et Luca ? Non, c'était impossible, je ne pouvais pas sortir sans Luca !

Papadou était pressé et, voyant que j'étais paralysée, il a commencé à mettre lui-même mes affaires dans un sac. Vite ! Je devais faire vite ! L'instant d'après nous courions vers la moto. Amano m'a fait signe de monter derrière lui, et Papadou m'a saluée de la main.

Au revoir !

J'étais maintenant seule avec le jeune Amano-Pierre sur sa moto et j'avais l'impression qu'il coursait contre le soleil couchant. Il voulait sans doute arriver à destination avant la nuit. Où allions-nous ? Je n'en avais pas la moindre idée !

La scène

Elle courait dans les rues de minuit,
Dans une scène en noir et blanc,
Heurtant en passant quelques corps gris
Qui fixaient quelque chose d'intrigant...

Mais que cachait-elle dans ses bras?
De quoi voulait-elle bien s'échapper?
Et qu'est-ce qui coulait entre ses doigts?
Étaient-ce des couleurs qu'elle voulait posséder?

Elle courait, courait, courait dans la foule,
Colorant un homme qui s'était penché.
Elle courait avec du rouge qui s'écoule,
Teintant des souliers en train de marcher...

Les étoiles filaient toutes derrière elle,
Elle avait osé voler le soleil couchant,
Déchirant ainsi l'horizon et le ciel,
Les piégeant dans son regard envoûtant...

Elle n'aurait pas dû voler à la vie,
Maintenant elle courait sans pouvoir s'arrêter.
L'Univers s'écroulait partout dans la nuit
En poursuivant la beauté qu'il voulait retrouver.

8 décembre 2019
356e jour de captivité

SULAYMAN ET ASIYA

Jour 416 au jour 450 de captivité

Au pays des rêves

Je reviens d'un pays qui n'existe pas,
Là où miroitent les rêves sur les fleurs.
Elles poussaient partout en suivant mes pas,
Je me suis arrêtée là où poussait ma demeure...

J'ai attendu dans le temps qui n'existe pas,
Là où le présent habite toutes les heures,
Je suis sortie sur le balcon pour regarder en bas,
Et j'ai vu un homme cueillant le bonheur...

«Je suis le prince du Royaume qui n'existe pas.
Pardonnez, chère dame, ma lenteur.
Je vous ai aperçue, là-haut, errant sous mon toit.
J'ai dû venir pour rectifier votre erreur.

«Vous vous êtes perdue dans le temps arrêté,
Vous n'existez pas ici, dans mon pays.
Je vous ai cueilli un beau bouquet coloré,
Prenez-le et retournez à la vie...

«Entre les rêves et la réalité, vous trouverez le chemin
qui vous ramènera à la vie.»

J'ai tourné mon regard vers l'horizon étiré,
Relevé ma robe et suis descendue de sa tour.
J'ai salué le prince, pris le bouquet parfumé,
Enfilé les souliers qui prendraient tous les détours.

28 juillet 2019
223e jour de captivité

Chapitre 36

Su
lay
man

PENDANT QUE NOUS FILIONS à toute allure vers le soleil couchant, je me demandais ce que Papadou avait voulu dire exactement par « sortie ». Comprenait-il l'ampleur de ce mot ? Savait-il seulement ce qu'il disait ? Il ne parlait pas français ; où avait-il entendu ce mot ? De la bouche de qui ?

Nous avons fini par nous arrêter quelque part dans le désert rocailleux. Amano-Pierre s'est tourné vers moi et m'a fait signe que la promenade était terminée, que je devais descendre de moto. Sortant de derrière un énorme monolithe, un homme plutôt grand et bedonnant s'est avancé vers nous. Il a salué le jeune Amano qui est reparti sans tarder. L'homme m'a alors ordonné, dans un français irréprochable, de m'asseoir devant la grosse roche noire et d'attendre qu'il revienne.

Il s'est éloigné à pied, jusqu'à ce que je le perde de vue derrière un chaos d'immenses pierres. J'en ai conclu que sa voiture devait être cachée là. On aurait dit que ces mastodontes de roc étaient simplement tombés du ciel au milieu de nulle part. Le paysage était impressionnant.

— Tiens, tiens, tiens… Mais je reconnais ce vêtement ! s'est exclamé un jeune homme qui s'avançait vers moi. Ça va, *principessa* ?

Cette voix... Bouche bée, j'avais cessé de respirer, et puis mon cœur s'est mis à battre la chamade. Luca s'est alors penché vers moi et m'a fait le plus beau sourire du monde.

— Bonjour! Tu portes le vieux gilet chaud que je t'avais prêté. Il t'est encore utile, d'après ce que je vois!

— Luca? ai-je bredouillé.

C'est le premier mot qui est tombé de mes lèvres. En le disant, j'ai sauté au cou de Luca, et puis je l'ai bombardé de questions.

— Comment vas-tu? Te sens-tu bien? Qu'est-ce que tu fais là? J'avais froid sur la moto alors j'ai mis ton gilet. Je l'ai toujours gardé avec moi et j'en ai pris soin, c'est la seule chose que j'avais de toi...

Il me souriait, visiblement très heureux lui aussi de nos retrouvailles.

— Je reviens tout de suite, je dois aller faire la prière avec les hommes qui m'attendent plus loin. Toi aussi, tu es devenue musulmane? C'est ce qu'on m'a dit ce matin. Tu dois donc prier maintenant, mais toute seule parce que tu es une femme. Je viendrai te chercher après. Nous avons beaucoup de choses à nous raconter. Je suis très content de te revoir. Le trajet du retour sera long, le campement est à six heures d'ici, vers le sud. Je vis là-bas avec deux autres otages. Tu vas venir avec moi. Quand on m'a annoncé la nouvelle, ce matin, j'ai fait la danse du bonheur devant tous les moudjahidines. J'ai dansé longtemps!

Il s'est mis à rire, m'a répété qu'il reviendrait après la prière, puis il s'est éloigné. Pour la première fois, j'ai prié seule. Au sein du groupe de Papadou, je faisais mon apprentissage; c'est pourquoi j'avais le droit de faire mes prières avec eux. Ces hommes avaient été en quelque sorte mes mentors.

Luca a reparu après la prière.

— Viens, Edith, nous partons. Nous devons aussi te trouver un nouveau prénom musulman. Pour eux, je m'appelle maintenant Sulayman...

Chapitre 37

La route

NOUS DEVIONS PARCOURIR plusieurs centaines de kilomètres pour atteindre le campement de Luca. Le voyage serait long, d'autant plus que les chauffeurs n'empruntaient jamais les routes principales : pour éviter les zones peuplées, ils contournaient les montagnes par de nombreux détours. J'étais étonnée d'entendre Luca parler si bien l'arabe avec le chauffeur. Il faut dire qu'il a le don des langues. En plus de l'italien, bien sûr, il maîtrisait l'espagnol et le français, et il se débrouillait bien en anglais. De plus, il avait eu amplement le temps de pratiquer la langue, et puis, comme Luca est un homme, il était toujours avec les gardiens. Nous n'avions certainement pas eu la même expérience, lui et moi, du fait de notre sexe.

J'étais si heureuse de retrouver mon Luca ! Je ne pouvais m'empêcher de le regarder, de l'écouter. Je voulais qu'il me raconte tout, son parcours, ses aventures, ses mésaventures, et comprendre comment il avait réussi à tenir le coup, à garder le moral, à conserver un espoir.

C'est lui qui m'a posé les premières questions, s'informant sur mon état de santé, sur mon moral, sur les onze derniers mois, mais j'ai vite pris la relève...

— Je suis curieuse de savoir comment ça s'est passé, le 4 mars. As-tu su que je ne sortirais pas ?

— *Mamma mia!* a-t-il lancé en cachant son visage dans ses mains.

Il a ensuite relevé la tête et m'a effleuré la joue avant de continuer :

— Quand j'ai compris qu'ils nous séparaient, j'étais si enragé que j'ai fait tout un bordel. Tellement qu'ils m'ont réveillé en pleine nuit pour m'obliger à marcher jusqu'à l'épuisement.

J'ai froncé les sourcils.

— Ils t'ont fait marcher ? Jusqu'où ? Avec qui ?

Il a poursuivi son récit en agitant les mains comme seul un Italien sait le faire. Ça me faisait plaisir de retrouver toutes ses petites manies qui m'étaient si familières...

— Je suis parti avec Lunettes et Dentonné, je n'avais pas de chaussures ni de chandail chaud, et cette nuit-là il faisait très froid. Les deux autres portaient leur manteau. Nous avons marché jusqu'à un puits, puis nous sommes revenus vers midi le lendemain. Je suis tombé en arrivant, j'étais mort de fatigue...

J'écoutais son récit, médusée. Le jour de notre séparation, j'étais tellement affaiblie par le jeûne et la soif que je n'avais même pas pu soulever ma couverture. Pendant ce temps, lui, pieds nus et frigorifié, il avait marché pendant de longues heures dans le désert.

— Mais pourquoi l'ont-ils fait ça ? Ce n'était pas assez de nous séparer ? Les brutes !

Les ravisseurs traitaient différemment les hommes et les femmes. Je n'ai jamais été punie aussi sévèrement que Luca, car ces hommes-là sont un peu plus doux avec les femmes, pour autant qu'elles soient soumises. Outre ma rébellion, je n'ai pas tenté le diable avec eux, et ils ne m'ont jamais touchée, sauf Barbe Rousse qui un soir m'a corrigée d'un coup de bâton. À titre de mari, Luca était responsable de mes comportements, donc il avait probablement écopé pour nous deux.

— Je crois qu'ils avaient peur que je fasse une bêtise pendant la nuit, m'a répondu Luca. Ils ne me faisaient pas confiance. Le lendemain, un inconnu est venu me chercher, et j'ai quitté le groupe de Barbe Rousse. J'ai passé dix jours avec cet homme ; c'est le médecin de l'organisation. Il porte une prothèse de jambe.

— Oui, je l'ai aussi rencontré. Élisabeth m'a dit que ce n'est pas un vrai médecin. Il possède des connaissances médicales, mais ce n'est pas un docteur.

— Qui est Élisabeth ?

— Je te raconterai ça plus tard. On m'a placée avec trois femmes après notre séparation...

En fait, une question me brûlait les lèvres :

— Mais, toi... N'as-tu pas essayé de t'échapper, par hasard ?

Luca m'a souri en posant discrètement une main sur la mienne.

— J'ai essayé, oui, une fois, mais ils m'ont rattrapé le lendemain.

Je le fixais du regard, impatiente d'entendre la suite de cette histoire.

— Continue ! Es-tu parti seul ? Tu m'as dit que tu vis maintenant avec deux autres otages. Étaient-ils mêlés à cette tentative d'évasion ?

— Ils ne voulaient pas me suivre, donc je suis parti sans eux à la nuit tombée. Mon plan était de marcher vers le sud dans l'espoir de retrouver le fleuve Niger au bout de quelques jours. Le problème, c'est que j'étais trop chargé...

— Tu avais apporté quoi ?

— Des paquets de dattes et deux bidons de cinq litres d'eau, mais c'était lourd et ça m'a épuisé.

— Ah bon ! Tu avais des dattes !

— Oui, tu vas voir, on a des dattes. On pourra en manger demain matin.

Luca me souriait, je le trouvais très beau. Pendant que je le regardais, d'autres questions se bousculaient dans ma tête.

— Avais-tu avancé pas mal avant qu'ils te rattrapent ?

— J'avais parcouru une trentaine de kilomètres, je crois. Mais à un moment donné j'ai traversé une zone sablonneuse, et c'est ce qui m'a trahi. Turquino, un des moudjahidines, a repéré mes traces et les a suivies. Sans ce foutu Turquino, j'aurais pu réussir... Ou bien je serais mort d'épuisement et de soif au beau milieu du désert. Mais, bon, il m'a retrouvé. Il est rusé, ce petit. Jeune, mais rusé...

— Où étais-tu quand il t'a retrouvé ?

— Je m'étais abrité du soleil derrière un monolithe. Je me reposais pour refaire mes forces. Soudain, au milieu de la matinée, j'ai entendu des motos au loin. Je n'étais pas très bien dissimulé, donc j'ai voulu trouver une meilleure cachette, mais peu après j'ai entendu un walkie-talkie. J'étais foutu...

Je suivais son récit avec tellement d'attention que j'éprouvais le découragement qu'il avait dû ressentir à l'instant de sa capture.

— C'était Turquino?

— Oui! Le putain de Turquino! Il avait l'air furieux! J'ai essayé de lui échapper jusqu'à la toute fin, nous tournions en cercle autour d'un monolithe.

— Hahahaha! Et qu'est-ce qu'il a fait?

— Il a fini par pointer son arme vers moi, ç'a fait clic! clic! J'ai compris qu'il ne plaisantait pas et je me suis couché par terre.

L'air songeur, Luca observait maintenant la route qui se perdait devant nous, jusqu'à l'horizon monotone.

— Et après? Ils t'ont frappé avec un tuyau et t'ont attaché?

Je me disais qu'il avait dû subir les mêmes sévices que Mirage, la pauvre, qui avait essayé de s'enfuir deux fois. Les hommes l'avaient frappée avec un bout de tuyau et enchaînée pendant plusieurs semaines pour la punir. Ça s'était produit avant que j'arrive dans le désert; ce sont les deux autres femmes qui m'avaient raconté cette histoire.

— Quatre ou cinq motos sont arrivées. Les hommes m'ont ramené au campement et, là, ç'a été ma fête...

Je n'étais plus certaine que je voulais en entendre davantage, mais Luca a continué.

— Ils m'ont frappé avec un tuyau, oui, et ils m'ont attaché à un arbre, sous le soleil, sans foulard, pendant quelques jours.

— Avais-tu de l'eau, au moins?

— Je leur en demandais quand j'avais soif, et parfois ils m'en donnaient un verre, mais pas trop souvent, hein!

Il me regardait d'un air entendu, et je comprenais à quel point il avait dû souffrir de la soif. C'était à mon tour de lui serrer discrètement la main.

— Ensuite ? Ils t'ont détaché ?

— Oui, mais j'ai eu des chaînes aux chevilles pendant deux mois, jour et nuit. Maintenant, ils m'enchaînent seulement la nuit.

— À quelle époque as-tu tenté de t'évader ?

— En septembre. Ensuite, en novembre, je me suis converti à l'islam. Les hommes se sont beaucoup calmés après ça. Maintenant, ils m'invitent à boire le thé avec eux autour du feu. J'y vais parfois, ça me permet de m'exercer à parler l'arabe. Il faut trouver des choses à faire, ici, sinon on devient fou. Les hommes m'ont offert un Coran bilingue, arabe-français. Je l'ai lu deux fois déjà. J'apprends aussi l'écriture grâce à un otage qui connaît bien l'arabe.

Nous avons discuté longtemps, des religions, de la vie, de nos rêves de liberté... Je crois qu'il n'y a pas eu un seul moment de silence pendant les six heures de route. Nous étions en train de nous redécouvrir. Nous avions changé, tous les deux. Nul ne peut vivre de telles expériences sans s'en trouver transformé.

Ça faisait onze mois que je n'avais pas vu Luca.

Onze mois de souffrances. Onze mois de défis. Onze mois de réflexions.

La forêt des égarés

Quelque chose vient de bouger
Dans les brumes où j'ai erré.
Je cherche entre les fougères vertes,
Tâtant dans les voiles argentés...

Une brise vient d'arriver,
Elle tourne dans mes cheveux emmêlés,
Écartant les brumes inertes
Qui couvrent la forêt des égarés...

Des paroles viennent m'entourer
Dans une langue que je dois décrypter.
La porte des mystères s'est entrouverte,
Les secrets se sont échappés...

C'est la vie qui vient de parler,
Elle qui m'a enfin retrouvée.
Elle soufflait sur mon âme déserte,
M'ouvrant la voie qui s'était cachée.

Chapitre 38

Faux mari et fausse femme

— BON, NOUS DEVRONS MAINTENANT te trouver un nouveau prénom, m'a annoncé Luca en descendant du véhicule.

La lune, déjà bien haute dans le ciel, teintait le paysage de ses lueurs bleutées. Depuis le temps que je ne vivais que dans la lumière naturelle du jour et de la nuit, j'avais appris à lire le cycle de l'astre nocturne. D'après sa position, il devait être une heure du matin. En fait, contrairement à nous qui employons un calendrier solaire, les Touaregs utilisent un calendrier lunaire.

La route avait été longue, et nous étions fatigués. Je n'étais plus habituée à vivre une vie si mouvementée, si riche d'émotions.

— Viens! m'a lancé Luca en prenant mon sac dans la camionnette. Il y a un gros arbre, là-bas; nous serons tranquilles. Avant, je dormais avec les deux autres otages et les moudjahidines, mais maintenant que tu es là, nous devons nous mettre à l'écart parce que les autres hommes n'ont pas le droit d'être en compagnie de ma femme. C'est la religion qui veut ça, et ils suivent les règles à la lettre. Tu ne pourras même pas voir les deux autres otages, sauf si tu es bien voilée. Demain, nous pourrons nous construire un abri si tu veux, mais pour l'instant allons donc nous coucher, il est tard.

— Bonne idée, ai-je répondu en souriant et en éprouvant déjà le plaisir de dormir enfin au chaud, en sécurité, dans les bras de Luca.

Une nuit sans souci, à me reposer, baignée de la chaleur d'une personne que j'aimais. Ma vie s'embellirait avec Sulayman à mes côtés.

Nous jouions les rôles de mari et femme. Dans l'islam, on ne peut cohabiter qu'avec son époux. En vertu d'une des règles, je devais me couvrir complètement en la présence des autres. Heureusement, j'avais maintenant le droit d'avoir un abri et, chez moi, il m'était enfin permis d'enlever mon foulard, ce que je faisais avec grand plaisir. Les hommes n'ont jamais vu mon visage, mais Luca m'a dit qu'ils étaient tout de même curieux. Ils le questionnaient sur la couleur de mes cheveux, leur longueur, sur la teinte de mes yeux. Il leur répondait que j'étais belle, et l'entendre me dire ces mots me procurait du bonheur. Ils devaient tous se faire leur propre image de moi, mais seul Sulayman avait le droit de me voir, seul Sulayman me connaissait, lui seul savait qui j'étais réellement.

Il y avait quand même une certaine interaction entre les deux autres otages et moi par l'intermédiaire de Luca. Il était le messager qui transmettait les questions et les réponses d'un territoire à l'autre. C'est ainsi que Luca m'a raconté l'histoire de ces deux hommes, et ça m'a grandement touchée. Je me suis attachée à eux à distance. J'aurais tant aimé que nous discutions tous ensemble, en tête à tête ; malheureusement, ce n'était pas possible.

Dès mon arrivée, mon mari a pris soin de moi de son mieux. Il était passé maître dans la préparation du pain ; il le faisait cuire dans un petit four qu'il avait construit lui-même. Il mettait une grande pierre dans le feu, la plaçait plus tard sur les tisons. Il déposait le pain sur cette pierre et le couvrait d'un bol en aluminium. Pour finir, il disposait des tisons sur le sable, autour du bol, puis il l'en recouvrait peu à peu pour créer un effet de four. Parfois, il faisait aussi cuire le pain dans le sable, à la manière des Touaregs. Ces deux techniques produisaient des pains différents. L'un, plus gonflé, possédait une mie légère ; l'autre, cuit sous le sable, était plus compact et lourd, donc parfait pour la *taguella*.

Tous les matins, Luca proposait de me préparer du pain ou du riz pour accompagner le thé. Vraiment, cet homme était un souffle de vie et d'espoir sur mon esprit exténué. Bien qu'amaigrie et affaiblie, j'étais persuadée que, entourée de toute la beauté de son attention et de son affection, je remonterais la pente.

Un jour, de retour de la prière chez les hommes, Luca a énuméré des prénoms musulmans féminins. Je devais en choisir un.

— Aïcha, Fatima, Maryam, Asiya, Layla...

— Asiya me plaît. Sulayman et Asiya, tu aimes ?

— Oui, m'a-t-il répondu tout simplement.

Nous avons vite adopté une routine ensemble. Il allait chercher le bois pour le feu, tandis que j'allais cueillir des fleurs d'acacia pour parfumer notre maison de cette odeur si réconfortante de biscuit sucré au beurre.

Un jour, Luca est revenu avec un arbre mort, et je lui ai demandé en ricanant comment il comptait le couper. Sans trop de surprise, puisque je connaissais sa débrouillardise, j'ai constaté qu'il avait déjà trouvé la solution. Il a déposé l'arbre sur deux pierres, l'une à chaque extrémité, puis il a soulevé au-dessus de sa tête une troisième pierre, très lourde, et l'a lancée de toutes ses forces au milieu de l'arbre. Crac ! Le tronc s'est fendu en deux moitiés sous l'impact.

— Veux-tu essayer ? m'a-t-il demandé, sachant que ça me ferait plaisir, car j'avais toujours aimé exhiber ma force.

Il a placé des branches de l'arbre à l'horizontale sur deux roches, ensuite j'ai soulevé la pierre et j'ai réussi à la projeter contre ces branches en poussant un petit cri d'amazone. Nous avons bien ri ! Je prenais des poses de sumo pour me pavaner, exposer ma puissance herculéenne, avant de fracasser les branches à coups de pierre. À un moment donné, il n'est resté qu'une partie du tronc ; ma pierre ne faisait plus que rebondir dessus sans le rompre. J'ai donc dû laisser Luca casser les derniers morceaux. Malgré ma force relative, je devais me rendre à l'évidence : mon mari était beaucoup plus fort que moi. Mais ça me faisait du bien de me laisser aller, de me dépenser un peu physiquement.

Luca et moi formions un beau duo ; nous restions positifs, dans la mesure du possible, pour éviter de tomber dans le désespoir. Chacun avait le souci de ne pas entraîner l'autre dans de sombres pensées.

Masque de verre

Elle tournait en rond dans le cœur du désert,
Avançant sans nom, sans espoir, sans repères,
Errant jusqu'au jour où elle trouva sur sa voie
Un regard de velours teinté d'encre de bois...

Il l'observait au loin, étudiant son parcours.
Elle marchait avec soin, dépassant les vautours,
Reflétant tous les feux qui sortaient du désert,
Se déplaçant devant eux avec son masque de verre...

Elle s'approchait doucement de ce regard intrigué,
Essayant tous les chemins menant à sa destinée,
Mais son masque tomba, éclatant tout autour,
Quand il la prit dans ses bras, accueillant son retour.

Section IX   LA FUITE

Jour 451 de captivité
au jour 1 de liberté

Virée à l'envers

Le vent s'est pris dans mes voiles,
Ça m'a virée à l'envers.
Il voulait que je trouve mon étoile,
J'ai trouvé l'Univers...

Je flottais sur la Voie lactée
Qui me peignait tout en blanc,
Me guidant vers son jardin étoilé,
Que je cueille la vie qui m'attend...

Elle poussait à travers les lumières,
M'offrait un parfum enivrant,
Portait une couleur étrangère
Qui se camouflait aux changements...

J'ai mis le parfum de la brise,
Trouvé mon navire errant,
Suivi la musique exquise
Qui déferlait sur l'océan...

La terre tournait à l'envers,

Tournant au gré du vent,

Chavirant le temps éphémère,

Inversant les images devant...

Le vent montait sur les flots,

Suivait mon navire en bois.

Les battements de l'onde rythmaient les eaux

En laissant la tempête derrière moi...

J'ai navigué au bord de la nuit,

Fermé les yeux un moment,

Rêvant à ma nouvelle vie

Qui s'animait dans le vent.

21 septembre 2019
278e jour de captivité

Chapitre 39

Le plan

DEPUIS MON ARRIVÉE AU CAMPEMENT, les gardes n'enchaînaient plus Luca la nuit. Ils croyaient peut-être qu'il ne tenterait plus de s'enfuir maintenant qu'il avait sa femme auprès de lui. Ou bien ils se sont dit que six mois de chaînes étaient une punition suffisante. Que je sache, personne n'avait jamais réussi à s'évader, nul ne pouvait échapper au désert, à cette immense étendue aride qui nous servait de cage. Mirage avait tenté sa chance deux fois, mais les hommes l'avaient retrouvée très rapidement, cachée sous un arbre solitaire, perdue au beau milieu des sables.

Comme Luca et moi étions devenus des musulmans, les gardes s'assouplissaient un peu. D'après le Coran, nous étions maintenant leurs frères, et ils devaient nous traiter avec respect, même si nous étions leurs otages. La seule obligation à laquelle Luca était désormais tenu, c'était de leur apporter nos chaussures au coucher du soleil. Il les récupérait au matin. De plus, nous recevions notre ration d'eau au début de la journée, de sorte que, le soir, nous n'en avions presque plus. Peut-être croyaient-ils que, sans eau ni chaussures, nous n'oserions pas nous enfuir sur cette terre hérissée de pierres coupantes.

Malgré ces contraintes, un plan d'action commençait à germer dans notre esprit...

Un jour, Luca m'a raconté :

— À un moment donné, quand on est allés te chercher dans le Nord, juste avant le lieu de rendez-vous, j'ai vu passer au loin un camion de marchandises.

Il venait de capter mon attention.

— Continue.

Luca a ramassé un bâton et a dessiné sur le sable la carte du Mali. Ensuite, il a tracé un triangle dont les pointes étaient Kidal, Tombouctou et Gao.

— Selon les calculs que j'ai faits avec les deux autres otages, nous nous trouverions près de cette zone triangulaire...

À ces mots, il a marqué d'un X notre position présumée, à l'est du triangle.

— Le camion que j'ai vu devait donc rouler sur la grande route qui mène à Kidal.

Il a tiré une belle ligne dans l'axe nord-sud, à gauche du X.

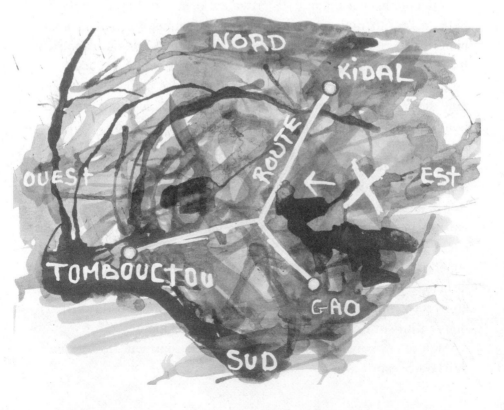

— Donc, si nous allions vers l'ouest, nous devrions croiser cette route. Par contre, je ne sais pas à quelle distance elle se trouve. Elle peut être à quarante kilomètres, comme à soixante ou à cent kilomètres.

J'étais impressionnée. Comment pouvait-il savoir tout ça? Bien sûr, j'avais déjà remarqué son aptitude à tout calculer — les kilomètres parcourus, l'orientation, tout. Il était doté d'un excellent sens de l'observation et d'une bonne mémoire, mais... le Mali est immense, et nous pouvions être n'importe où, du moins à mon sens. Je devais seulement lui faire confiance, à lui et aux deux autres; c'était notre seule chance. Je lui ai fait signe que j'étais d'accord.

— La lune sera pleine dans une semaine et demie, ai-je dit. Ce soir-là, elle se lèvera au coucher du soleil, mais par la suite elle paraîtra un peu plus tard chaque soir. Au bout de trois ou quatre jours, nous disposerons de quelques heures pour fuir dans l'obscurité.

— O.K. Bonne idée. En plus, nous pourrons nous orienter sur Vénus au début de la nuit, avant que la lune se lève.

— Crois-tu que les deux autres otages vont venir avec nous?

— Ils m'ont dit un jour qu'ils n'essaieraient jamais de s'échapper. Mieux vaut donc garder cette idée pour nous. C'est plus discret et ça ne les mettra pas dans le pétrin si nous réussissons.

Je sentais l'espoir renaître en moi. Les chances de nous évader étaient peut-être faibles, mais j'étais prête à tenter le coup. Je n'avais nulle envie de vivre avec des hommes armés toute ma vie.

— J'ai une paire de chaussures dont les hommes ne connaissent pas l'existence, ai-je précisé. Ils n'ont pas fouillé mon sac à mon arrivée. Je pourrais te coudre des souliers avec le tissu de mon tapis, qui est assez rigide, et fabriquer des semelles en carton. Penses-tu pouvoir me trouver une aiguille?

Il m'a fait signe que oui avant de poursuivre:

— Nous avons un bidon de cinq litres et deux petites bouteilles d'un litre et demi. D'ici à la nuit de notre départ, nous avons le temps d'économiser assez d'eau sur nos rations et nos douches pour le remplir.

J'étais enthousiasmée!

— Es-tu certaine, Edith, que tu es prête à courir ce risque ? m'a demandé Luca en plongeant son regard dans le mien. Tu sais, si les deux autres otages refusent de fuir, c'est parce qu'il y a huit chances sur dix que les hommes nous rattrapent, une chance sur dix que nous mourions de soif, et une chance sur dix que nous réussissions. Ce n'est pas énorme, tu sais.

Je me suis dit que, une chance sur dix, ce n'était pas rien : c'était déjà une chance de retrouver notre liberté.

— Préparons-nous, ai-je répondu d'un ton résolu, et si les circonstances sont favorables, nous partons.

— Il ne faudra surtout pas laisser de traces dans le sable, sinon ils vont nous retrouver à coup sûr, c'est ce qui m'est arrivé la dernière fois.

— Je vais envelopper mes chaussures de tissu pour réduire les traces au minimum. Tu pourrais aussi semer de fausses pistes avant le départ. Nous devrons gagner tout le temps que nous pourrons, il en va de la réussite de notre plan.

Le temps était soudainement devenu notre allié.

Mystère

Mystère, je vous ai vu passer au loin,
Vous traversiez les brouillards,
Vous déposiez des énigmes en chemin
Et cachiez les réponses dans votre regard...

Mais pourquoi ce sourire espiègle?
Vous avancez de manière incohérente,
Et ces brouillards qui prenaient l'allure d'un aigle
Qui m'a aperçue dans sa vision transparente...

Des symboles se dessinaient sous vos pieds,
Tourbillonnant tranquillement vers les airs,
Colorant les brouillards de leurs reflets dorés,
Tournant jusqu'au sommet de la terre...

Vos lèvres bougeaient, ces lèvres muettes.
J'ai vu votre démarche s'allonger,
Vous m'avez observée de façon secrète,
J'ai vu ce sourire que vous m'avez adressé.

Chapitre 40

La préparation

DEUX NUITS APRÈS la pleine lune, Luca m'a tirée doucement du sommeil. Lorsque j'ai ouvert les yeux, il était penché sur moi :

— Qu'est-ce qui se passe ?

— Écoute le vent… Il souffle si fort qu'il effacerait sûrement nos traces si nous nous enfuyions cette nuit !

Je me suis redressée sur un coude pour regarder dehors. Un vent de sable ! Il était rare que les vents de sable soufflent la nuit. Lorsque cela se produisait, ils duraient ou bien une seule nuit, ou bien trois nuits d'affilée. Le désert a lui aussi ses petits rituels.

Je me suis assise et j'ai demandé à Luca :

— Quelle heure est-il, d'après toi ?

— Je ne sais pas, ma montre est déréglée, mais d'après la lune il doit être environ une heure du matin.

— Nous n'avons pas assez de temps devant nous, Luca. Les hommes se réveillent à quatre heures trente pour la prière de l'aube, ils vont voir tout de suite que tu n'es pas là.

Luca hésitait. Il avait envie de profiter de ce vent, mais il se rendait compte que mes objections étaient valables. Je lui ai proposé une solution de rechange :

— Cette nuit, il est trop tard, nous ne sommes pas prêts. Mais si c'est un vent de trois nuits, nous pourrions partir demain, après la dernière prière du soir. En plus, il fera noir plus longtemps avant que la lune se lève. Qu'en dis-tu ?

Luca s'était un peu calmé ; ce vent l'avait drôlement électrisé !

— O.K. Souhaitons que ce vent de sable reprenne demain soir. Tu peux te recoucher. Bonne nuit.

Il s'est allongé lui aussi et, en observant les sables voler dehors, il a ajouté :

— J'espère vraiment qu'il y aura du vent demain soir aussi... Cette nuit, tout le désert sera balayé... Demain matin, on ne verra plus aucune trace...

Je le voyais ébranlé, incertain. Les émotions se succédaient rapidement dans ses yeux. Je me suis blottie contre lui. Il ventait fort. Il faisait froid.

***

À l'aube...

L'appel à la prière a retenti, la première lueur du jour venait de poindre dans le ciel. Nous nous sommes levés pour faire nos ablutions, et Luca est allé rejoindre les hommes alors que je m'apprêtais à faire ma prière en solo devant notre abri. Je devais m'incliner vers l'est, vers le sanctuaire de la Ka'ba, le lieu le plus sacré de l'islam, à La Mecque, en Arabie saoudite. Luca avait appris l'arabe et avait lu le Coran, c'est donc lui qui m'avait enseigné tout ça, et bien plus.

Sitôt la prière finie, j'étais de retour sous mes draps pour me réchauffer. J'ai alors entendu les pas de Luca qui rentrait.

— Veux-tu que je te prépare du pain ? m'a-t-il demandé, mais il connaissait déjà ma réponse.

— Oui, merci, tu es gentil ! ai-je répondu en souriant, bien cachée sous les draps. Comme il était attentionné !

La journée est passée lentement. Nous avions réussi à accumuler assez d'eau pour prendre la fuite. En nous restreignant le plus possible, nous en aurions peut-être pour deux ou trois jours. J'avais confectionné deux petits sacs à dos avec un de mes gilets pour que nous puissions transporter cette eau et des dattes. J'avais aussi fabriqué une paire de chaussures pour Luca, qui semblaient assez solides et presque confortables, et un petit sac de ceinture dans lequel je glisserais mes poèmes (je songeais souvent à Élisabeth qui m'avait encouragée à écrire un recueil de poésie). Luca voulait lui aussi conserver quelques écrits, alors je les ai joints aux miens. Nous courions le risque de les perdre à jamais si les hommes nous rattrapaient ; c'est pourquoi je porterais le sac à la taille, dissimulé sous mes vêtements.

Après la prière de l'après-midi, Luca est revenu visiblement inquiet :

— Toutes les empreintes ont été effacées par le vent de la nuit dernière. Si nous partons cette nuit et qu'il ne vente pas, il n'y aura que nos traces sur le sable. Les hommes nous retrouveront sans mal.

Il avait raison, mais j'ai voulu l'encourager :

— Ayons confiance ! Profitons plutôt du temps qu'il nous reste pour tromper les hommes. Peux-tu ôter tes chaussures et imprimer sur le sable des traces de pas qui iront dans la direction contraire à celle que nous suivrons ?

— Je vais essayer après la prière du coucher du soleil, mais je ne te promets rien.

En effet, c'était une manœuvre risquée, puisque les gardiens pouvaient le surprendre. De plus, il devrait rentrer à l'abri sans laisser de trace de son retour. C'était une tactique délicate.

Le temps s'étirait interminablement pendant que nous attendions le coucher du soleil. J'en profitais pour mettre au point les derniers détails. Il fallait bien jouer nos cartes, nous n'avions pas droit à l'erreur. Au cours de notre fuite, chaque seconde compterait.

Pour faire croire aux hommes que je serais endormie, j'ai bourré de sable un pantalon rose que je mettais pour dormir et je l'ai placé sous la couverture. J'ai aussi façonné les formes d'un corps féminin à l'aide de sacs et de rembourrures. J'étais fière de mon travail : c'était réaliste à s'y méprendre. Le genou d'une jambe pliée sortait même un peu de sous les couvertures. J'ai ensuite disposé les couvertures de Luca de manière à faire croire aux hommes qu'il s'était levé.

Mon plan était simple : les hommes viendraient jeter un œil dans l'abri lorsqu'ils remarqueraient l'absence de Suleyman à la prière. Voyant que sa femme était encore couchée, ils resteraient calmes, pensant peut-être qu'il était simplement allé aux toilettes. Nous pourrions gagner ainsi de précieuses minutes. Les hommes n'oseraient pas réveiller la femme, du moins pas avant de suspecter un de leurs otages de s'être enfui.

Lorsque Luca a aperçu mon mannequin, il s'est figé sur place, comme foudroyé. Quelques secondes plus tard, il a lancé :

— S'ils nous rattrapent, nous sommes morts.

J'ai éclaté de rire même si ce n'était pas drôle du tout. Il était certain que les moudjahidines ne prendraient pas notre fourberie avec humour. J'avais joué le tout pour le tout. Nous devions réussir.

Cela dit, le vent, notre allié de la nuit, pourrait aussi nous affaiblir en nous frigorifiant. J'ai donc eu l'idée de découper deux ponchos dans le grand carré de plastique qu'on m'avait donné pendant la saison des pluies. J'espérais que ces espèces de vêtements nous protégeraient du vent.

— C'est l'heure de la dernière prière, m'a annoncé Luca.

Il semblait encore indécis. Je savais qu'il s'inquiétait pour moi parce que ma santé n'était pas excellente. Je n'avais pas récupéré toutes mes forces après mon second jeûne. J'avais des vers, des crampes et des saignements anormaux. Les nuits glaciales et le vent m'avaient aussi beaucoup épuisée. Depuis que j'étais avec Luca, mon état s'améliorait peu à peu, mais j'avais encore du mal à rassembler mes forces. Luca craignait donc que je n'arrive pas à le suivre.

— Bonne chance, Luca. Je vais tout préparer, et nous partirons à la première occasion. Le vent semble se lever, c'est bon signe. As-tu réussi à semer de fausses pistes ?

Il m'a fait signe que oui et il est parti rejoindre les moudjahidines.

Le vent soufflait de plus en plus fort.

Le ciel nous aiderait.

Chapitre 41

La nuit

LE VENT SE FAUFILAIT entre les branches et les épines des acacias, leur arrachant quelques fleurs au passage. Il tourbillonnait dans le désert et venait se prendre dans mon turban, le faisant danser. Ce vent puissant était génial : non seulement il effacerait les signes de notre passage, mais en plus il étoufferait les bruits de nos pas dans les roches.

J'étais prête à partir, j'attendais Luca qui achevait de réciter la prière avec les autres, de l'autre côté du campement. La noirceur était presque totale, le vent ensablé brouillait le ciel, atténuant la faible lueur des étoiles. Toutes les conditions étaient réunies pour favoriser notre fuite : nous serions invisibles. En fait, il faisait peut-être même un peu trop noir, Luca devrait se concentrer pour s'orienter dans ces ténèbres.

Notre campement était installé sur une bande de sable, dans un oued où poussait un peu de verdure : arbres, arbustes, fleurs et herbes hautes. Mais à quelques mètres à peine de notre abri commençait l'immense étendue de roches qui caractérise la zone désertique. Luca et moi avions baptisé ainsi nos deux zones d'habitation : « désert de sable » et « désert de roc ». Dans le premier, seuls les acacias et quelques herbes très résistantes poussent dans les dunes. Rien d'autre n'y survit. Nous y avons été captifs de janvier 2019 jusqu'à la mi-août de la même année. Quant au second, notre principale demeure sous le joug touareg, il comportait un sol inhospitalier presque entièrement couvert de roches. On y trouvait néanmoins des oueds, ces petits refuges où la nature pouvait s'accrocher, plonger ses racines dans le sable. C'était dans ces bandes de terre vertes que nous étions retenus captifs des Touaregs. Mais la bonne fortune nous avait réunis, Luca et moi, dans ce désert de roc qui nous permettrait de nous échapper sans laisser beaucoup de traces. Et quand nous franchirions des bancs de sable, le vent effacerait nos pas.

Le désert est si vaste qu'il semble infini, spécialement quand on a l'intention de fuir. J'observais cette nuit profonde qui s'étendait devant moi, sur des centaines de kilomètres carrés. Ce vide aurait pu m'effrayer, mais j'y sentais la liberté. Elle prenait la forme du vent, de l'esprit de la terre qui soufflait sur mon âme pleine d'espoir. Elle faisait les cent pas dans le désert, dans ce noir insondable. La liberté était impatiente, elle me frôlait déjà la main et me caressait le visage, mais je devais attendre que Luca revienne, attendre que Sulayman ait fini sa prière. Je savais qu'il était nerveux, mais aussi que ma faiblesse le préoccupait. Pourtant, il devait me faire confiance. J'étais tenace et déterminée.

Soudain, j'ai senti une présence très près de moi. Luca était là.

— Es-tu prête, ma petite Asiya ?

— Oui, je suis prête, je t'attendais.

Il est entré dans l'abri, a enfilé ses chaussures et a mis le poncho de plastique sous son vêtement pour ne pas qu'il claque au vent. Ensuite, il a glissé le bidon d'eau et les dattes dans son sac à dos. Et puis il a inspiré profondément, fermé les yeux, les a rouverts, et il m'a regardée avec le plus grand sérieux.

— Es-tu certaine de vouloir cela ? C'est extrêmement risqué.

Il a pris ma main dans la sienne en attendant ma réponse.

— Oui, Luca, j'en suis certaine. Je suis prête.

À ces mots, il m'a tirée vers l'avant. Sans mes verres de contact, je ne voyais rien dans ces ténèbres à couper au couteau. Luca devrait me guider jusqu'à ce que la lune apparaisse. Je le suivais très prudemment, craignant de faire un faux pas qui aurait pu alerter les moudjahidines qui discutaient autour du feu.

Luca m'a conduite jusqu'aux roches, première étape cruciale. Nous ne devions pas faire le moindre bruit ni heurter le plus petit caillou. J'ai posé un pied sur les roches, puis l'autre. La tension était à son comble, d'autant plus que nous étions encore à peu de distance des hommes. Luca me tenait fermement la main et me soutenait par le bras. J'avançais très lentement, plus lentement qu'une tortue fatiguée, plus lentement encore que le temps dans le désert. Lorsque nous nous sommes trouvés hors de la portée de l'oreille des hommes armés, j'ai recommencé à respirer, et nous avons allongé le pas. Nous devions mettre au plus vite de l'espace et du temps entre eux et nous.

La liberté nous devançait, elle nous appelait dans le vent qui soufflait, elle portait tous nos espoirs, et nous la poursuivions à grandes enjambées. Fuir, il fallait fuir dans cette nuit noire comme nos incertitudes, noire comme l'immensité de l'Univers, noire comme tous les mystères, noire comme les portes du destin. Noire comme notre chemin. Nous ne disions pas un mot, n'osant pas faire le moindre bruit avant d'avoir franchi le premier kilomètre.

Hélas, en descendant une petite colline, j'ai posé le pied sur une roche qui a roulé et je me suis tordu un genou. Ne voulant pas affoler Luca, je ne lui ai pas dit que je venais de me blesser.

Peu après, j'ai brisé le silence en lui demandant, tout bas, s'il arrivait à voir quelque chose dans cette nuit épaisse.

— Pas vraiment, non, m'a-t-il répondu en me serrant la main, mais je m'oriente sur Vénus. La vois-tu?

Il m'a désigné le seul point lumineux qui scintillait dans le firmament brouillé et qui pourrait nous guider pendant une heure.

— Espérons que le ciel se dégagera un peu pour que je puisse voir les constellations en attendant la lune. Et toi, ça va? Tu marches bizarrement. Es-tu blessée?

— Je me suis tordu un genou en descendant la colline, mais ce n'est rien.

— Tu t'es blessée?! a-t-il fait en stoppant net.

— Ne t'inquiète pas, je te dis. Avançons!

À ces mots, il m'a lâché la main et a plutôt pris mon bras pour me soutenir et m'aider à marcher sans faire d'autres faux pas.

Soudain, il s'est arrêté de nouveau.

— Merde, je suis trempé.

— Quoi?

— Le bidon fuit...

Il a enlevé son sac à dos et en a sorti le contenant d'eau pour évaluer les dégâts.

— Avons-nous perdu beaucoup d'eau?

— Oui. Je crois que le bouchon ne ferme pas hermétiquement. Le bidon n'est pas étanche.

J'ai déchiré un morceau de mon poncho de plastique et le lui ai tendu.

— Tiens, mets ça sur le goulot avant de revisser le bouchon.

Luca m'a remerciée, a remis le bidon d'eau dans son sac et l'a enfilé par-devant. Il pourrait ainsi le soutenir de son bras libre pour l'empêcher de bouger et peut-être ainsi prévenir une autre fuite.

Après quelques kilomètres de marche, je lui ai demandé si ses chaussures tenaient le coup.

— Oui, c'est bon. Et toi, ton genou?

— Ça va aller.

— Tu boites, Edith. Je vois bien que tu souffres. Tiens, prends un antidouleur, j'en ai trois.

— Pas nécessaire. Je dois seulement faire attention.

Je ne voyais pas où je mettais les pieds sur ce sol irrégulier, et mon genou blessé se tordait en tous sens, mais j'avais refusé le

médicament parce que je ne savais pas combien de temps durerait notre périple. Pour le moment, la douleur était tolérable, et il valait mieux économiser les antidouleurs, d'autant que Luca était sujet aux maux de dos.

Le pauvre ne parlait plus, je le sentais inquiet. Concentré sur sa tâche, il me soutenait et me guidait, tout en veillant sur le bidon d'eau pour éviter de perdre ce précieux nectar de vie.

Vénus venait de disparaître sous l'horizon, et la lune n'était toujours pas levée. Luca s'est arrêté et s'est mis à scruter le ciel.

— Tu vois quelque chose ?

— Oui, l'atmosphère s'est un peu dégagée. Tiens, voilà Orion !

Il tentait de repérer des constellations sur lesquelles se guider. Encore une fois, mon ami faisait preuve de bravoure et de débrouillardise, ses ressources semblaient inépuisables. J'étais heureuse et soulagée d'être avec lui en ces heures où notre vie était en jeu.

Peu après, plus loin, Luca m'a annoncé que nous devions franchir des montagnes.

— Les vois-tu ? m'a-t-il demandé en me montrant l'horizon noir.

— Un peu...

— Je crois que nous pourrons passer entre ces deux montagnes, là-bas, pour gagner du temps, mais nous devons bifurquer un peu au nord.

— O.K. Comment ça se passe avec le bidon ?

— Il fuit toujours, a-t-il soupiré. Je suis tout mouillé.

Il s'est arrêté pour vérifier le niveau de l'eau dans le contenant et il a soupiré de nouveau.

— Nous avons perdu beaucoup d'eau...

Le vent soufflait de plus en plus fort.

— Tu dois avoir froid, trempé comme ça.

Je ne savais pas comment l'aider. Il a fermé les yeux un instant, comme pour se recueillir, ensuite il s'est relevé, a replacé le sac sur sa poitrine et m'a pris par la main.

— Allons-y.

Une lueur céleste faisait maintenant pâlir la nuit derrière nous : la lune se levait. C'est alors que quelque chose, par terre, a attiré mon attention. C'était un morceau de carton. Je l'ai montré à Luca. Il s'est penché en fronçant les sourcils, puis son regard s'est éclairé et il s'est empressé de vérifier l'état de ses souliers.

— Mes chaussures ! Elles se déchirent sur les roches !

À ces mots, j'ai arraché un des bouts de tissu que j'avais accrochés à mon sac. Je savais que ça pourrait nous être utile.

— Tiens, enroule ça autour de tes chaussures, ça devrait les protéger un peu.

Il a pris l'étoffe et l'a déchirée en deux pour envelopper ses pieds. Puis, se rendant compte que j'avais vu le bout de carton par terre, il s'est exclamé :

— Hé ! Tu vois clair, maintenant ?

— Oui, grâce à la lune. Merci, Luca. Merci !

Je voulais qu'il sache que je lui étais reconnaissante de tout ce qu'il faisait pour moi. Je ne pourrais jamais le remercier assez.

— Continuons, a-t-il simplement ajouté en souriant.

Maintenant que la lune nous éclairait, les choses se simplifieraient un peu, et nous avons repris notre route, mais au bout de quelques heures de marche vers l'ouest, j'ai dû m'arrêter.

— Luca ?

— Qu'est-ce qui se passe, *principessa* ?

— Je pense que je vais prendre un antidouleur...

Son visage s'est crispé, et j'ai constaté que son inquiétude allait grandissant.

— Tu as mal, Edith ! Je le savais. Veux-tu faire une pause ?

— Non. Je veux juste un antidouleur.

Sur ce, il a tiré une gélule de sa poche et me l'a donnée ; ensuite, il a sorti le bidon de son sac.

— Merci, Luca.

Vraiment, je ne pouvais pas avoir meilleur compagnon dans les circonstances, c'était un ange. Ça nous a fait du bien de boire un peu, mais nous avions perdu le tiers de notre eau.

— Veux-tu continuer tout de suite ou te reposer un peu ?

— Allons-y.

Tout en prononçant ces mots, j'ai remarqué que le tissu que Luca avait enroulé autour de ses chaussures traînait derrière lui en lambeaux. Je lui ai donné un autre morceau d'étoffe, et pendant qu'il enveloppait de nouveau ses chaussures, j'ai ramassé les débris pour ne pas laisser d'indices derrière nous.

— As-tu mal aux pieds ?

— Ne t'inquiète pas pour moi, m'a-t-il répondu, mais sa voix trahissait la fatigue et l'inquiétude.

Il avait enroulé tellement de couches de tissu que ses chaussures ressemblaient maintenant à de grosses pantoufles. Nous avons donc continué notre chemin. Luca avançait d'un pas plutôt rapide, pendant que je clopinais à l'arrière. Je ne pouvais plus plier le genou, j'avais trop mal.

Soudain, nous sommes tombés sur des traces de roues sur le sol ! Luca les a examinées et m'a annoncé :

— Elles ne sont pas très larges ni très creuses. Ce ne sont pas des traces de camion. Ce n'est sûrement pas la route que nous cherchons. Qu'en penses-tu ?

— Je crois que tu as raison, c'est sans doute une petite voie secondaire utilisée par les moudjahidines.

Luca a acquiescé et nous avons repris notre marche vers l'ouest. Nous avons cependant dû nous arrêter plusieurs fois pour réparer les chaussures de mon ami, que les roches acérées déchiquetaient. Malheureusement, je commençais à être à court de tissu. Nous profitions de ces haltes pour manger des dattes et boire quelques gorgées d'eau. À un moment donné, lors d'une de ces pauses, Luca s'est mis à regarder l'étendue plate devant lui, le paysage vide de flore et de monolithes. Il était songeur.

— Peut-être serait-il sage de nous arrêter bientôt. Nous devrions passer la journée dans une bonne cachette en espérant que nos ravisseurs ne nous trouveront pas. Tu as trop mal au genou, et la nuit s'achève.

— Marchons au moins jusqu'au lever du soleil !

— Non, a-t-il insisté. Arrêtons-nous.

Luca avait l'air complètement vanné. Je le regardais, interloquée. C'est alors que je lui ai demandé :

— Luca, veux-tu être libre ou enchaîné ?

Saisi par ces paroles, il a semblé reprendre courage, s'est relevé et m'a pris par le bras pour me soutenir et soulager mon genou. Nous nous sommes remis à marcher vers notre liberté. Nous avancions vers l'ouest, vers la grand-route qui devait bien se trouver quelque part...

Les ténèbres et l'espoir

Les ténèbres chassaient en clopinant dans les ruelles,
Avançant étrangement avec leurs jambes de bois,
En traquant mon espoir, cachées derrière les poubelles,
Se pourléchant les babines en étudiant leurs proies...

J'avançais à tâtons, je m'étais trompée de voie,
Fuyant les bruits qui s'approchaient, sans savoir,
Je cherchais la sortie, protégeais l'espoir dans mes bras,
Trébuchant sur les doutes qui dégoulinaient dans le noir...

Les ténèbres sentaient l'odeur d'une tendre pureté,
De cet espoir alléchant qu'elles voulaient entre leurs doigts,
Mais l'espoir tendit les mains, attirant la liberté,
Nous dirigeant vers la sortie en guidant nos pas.

14 avril 2019
118ᵉ jour de captivité

Chapitre 42

La liberté au soleil levant

JUSQU'ALORS, NOUS AVIONS PARCOURU une grande distance sur ces terres rocheuses, et ce, sans laisser de traces. Nous avions aussi dû traverser quelques zones sablonneuses où Luca passait derrière moi pour effacer nos empreintes. Le vent qui soufflait fort s'occupait du reste.

Depuis peu, un sol blanc s'étendait devant nous à perte de vue, semblait se fondre dans les lointains. Si nous devions traverser cette étendue désolée, il nous serait difficile, voire impossible, de ne pas laisser de traces de pas. Mais nous n'avions pas le choix, nous devions avancer.

Soudain, Luca s'est exclamé :

— Regarde, Edith ! Une voiture est passée par ici !

Ces nouvelles traces de pneus indiquaient que le véhicule se dirigeait vers l'ouest à travers le désert blanc. Nous ne savions pas si elles conduisaient jusqu'à la grand-route de Kidal, mais au moins elles allaient dans la bonne direction ! Je regardais mon compagnon marcher devant moi, dans ces traces providentielles, et j'en ressentais un étrange sentiment de bien-être. J'étais sereine et calme, envahie par ces bons présages. On aurait dit que la liberté me chuchotait un secret. Un admirable secret portant le nom de victoire.

Moins d'une heure plus tard, nous avons atteint une autre voie, beaucoup plus fréquentée celle-là, à peu près dans l'axe nord-sud. Les traces nombreuses, larges et profondes suggéraient que des camions circulaient sur ce chemin. Était-ce la grand-route de Kidal ? Luca en doutait. Nous avions marché huit heures durant, mais n'avions pas parcouru plus d'une vingtaine de kilomètres. Nos ravisseurs nous auraient-ils retenus prisonniers dans un lieu si près de la grand-route ?

— Qu'en penses-tu, Edith ?

Devions-nous prendre le risque de nous arrêter là ou poursuivre notre route ? Je n'osais pas parler, mais mon intuition, le sentiment de réussite et de bonheur qui m'habitait, me faisait croire que nous avions trouvé la grand-route.

Nous en étions là dans nos réflexions lorsque nous avons constaté qu'il était près de cinq heures du matin. Nous devions songer à nous cacher.

— Nous devrions nous planquer assez proche de la route, ai-je dit à Luca. Plus tard, lorsque le soleil sera levé, nous verrons s'il y passe beaucoup de voitures et de camions.

— O.K. Il y a des arbustes là-bas, allons voir si ça pourrait faire l'affaire.

Nous avons marché environ un kilomètre vers le nord-ouest pour dénicher la cachette parfaite : un arbuste qui nous protégerait aussi du vent.

— Colle-toi contre moi, m'a proposé Luca, je vais nous couvrir avec le turban.

Il faisait de son mieux pour nous réchauffer, mais nous avions si froid que, même épuisés, nous ne pouvions pas dormir sans couverture. J'ai quand même fermé les yeux, essayant tant bien que mal de récupérer en attendant le soleil. Qu'allait-il se passer, maintenant ? Tout pouvait arriver... Si les moudjahidines nous retrouvaient, nous laisseraient-ils la vie sauve ? Si oui, comment nous puniraient-ils ? Nous sépareraient-ils pour de bon ? Était-ce la dernière fois que je me blottissais contre Luca ? À cette terrible pensée, je me suis serrée encore plus fort contre lui.

Les minutes passaient et je ne pouvais calmer mes ruminations. Si un camion passait sur la route, s'arrêterait-il pour nous ? Ses occupants accepteraient-ils de nous prendre ? S'il ne passait que des voitures ou des camionnettes, pourrions-nous faire confiance aux gens à bord ? Dans ce secteur, il devait y avoir beaucoup de rebelles... Étions-nous sur le point de nous jeter dans la gueule du loup ? Et si cette route n'était pas celle de Kidal, et que nous devions reprendre notre marche vers l'ouest, combien de temps durerait notre réserve d'eau ? Nous en avions déjà perdu beaucoup et en avions bu peu, de peur d'en manquer. Cette réserve d'eau ne serait pas éternelle.

Soudain, vers sept heures du matin, un bruit de moteur au loin, qui s'approchait. Luca s'est levé précipitamment et a lancé :

— Les moudjahidines ?

Manifestement, nous avions les mêmes craintes. Je ne savais pas quoi lui répondre. Comment savoir s'il y avait des gentils ou des méchants dans ce véhicule ? Luca s'est alors accroupi près de l'arbuste pour scruter la route au loin. Il ne voyait toujours rien et il était si concentré que je n'osais pas dire un mot. Il semblait prêt à bondir, attendant de découvrir si...

— C'est un camion ! Suis-moi ! m'a-t-il lancé avant de partir comme une flèche.

Je crois que je ne l'avais jamais vu courir si vite ! Je me suis élancée à mon tour de notre cachette, mais mon genou me faisait boiter. J'avais l'impression d'être un pirate affligé d'une jambe de bois ! Mais, au moins, j'avançais. Loin devant moi, Luca faisait de grands signes en direction de la route pour attirer l'attention du chauffeur, mais ce dernier ne l'a pas vu, ou bien il n'a pas voulu s'arrêter, et il a filé sous nos yeux en laissant dans son sillage une énorme traînée de sable et de poussière. Luca s'est arrêté pour reprendre son souffle, puis il est revenu vers moi en me lançant :

— Nous sommes trop loin de la route !

Il avait raison. Nous avons donc inspecté les environs, à la recherche d'une autre cachette, et avons repéré un buisson qui se trouvait plus près de la route que l'arbuste. Nous y serions moins bien dissimulés à la vue des moudjahidines, mais nous n'avions pas le choix. Il fallait espérer que des gens bien intentionnés nous prendraient dans leur voiture avant que nos ravisseurs nous mettent la main au collet.

Une heure plus tard, nous avons entendu au loin un nouveau bruit de moteur, qui venait du sud, et Luca a bondi sur ses pieds. Toujours, cette même question angoissante : était-ce un gentil ou un méchant ?

— Il y a deux camions ! s'est écrié Luca. Allons-y !

Et il s'est lancé à toutes jambes, coursant contre le temps, contre notre captivité, contre ses chaînes. Quel sprinter, tout de même, ce Luca ! Quant à moi, je boitillais loin derrière lui. Je le voyais gesticuler en pleine course pour avertir les chauffeurs. Le premier camion a poursuivi sa route sans ralentir, soulevant des nuages derrière lui, tandis que le second a ralenti et... s'est arrêté ! J'ai vu Luca se hisser sur le marchepied du camion pour s'adresser au chauffeur. Lorsque je suis enfin arrivée à leur hauteur, Luca est venu vers moi, a pris mon sac et m'a dit :

— Il accepte de nous prendre, je crois. Il ne parle pas très bien l'arabe et nous avons du mal à nous comprendre. Il a sursauté quand il a vu que je suis un Blanc !

Luca m'a ensuite aidée à grimper dans la cabine du camion, et nous avons pris place sur la grande banquette, moi tout contre la portière côté passager. Nous avions le visage enturbanné, seuls nos yeux perçaient entre les plis, et je n'étais pas certaine que le chauffeur avait remarqué que j'étais une femme. Je n'ai pas osé parler, de peur de trahir ma voix féminine. J'ai simplement fait un signe de tête au chauffeur et au vieillard assis à côté de lui. Ils se ressemblaient, c'étaient sûrement le père et le fils. Nous étions maintenant bien assis dans le camion, si proches de la liberté, accoutrés comme deux Blancs fuyant leurs geôliers du désert. Je me demandais si les deux hommes avaient saisi le drame qui se jouait sous leurs yeux...

J'ai échangé un regard avec mon compagnon, un regard plein d'espoir, certes, mais aussi teinté d'inquiétude. Et maintenant, qu'allait-il nous arriver ? Luca a alors demandé où nous allions, et le chauffeur a répondu : Kidal. Nous avons croisé les doigts.

Une demi-heure plus tard...

Une camionnette, qui ressemblait beaucoup aux véhicules des moudjahidines, s'est mise à poursuivre le camion. Nous pouvions voir dans les rétroviseurs qu'un passager faisait signe à notre chauffeur de s'arrêter. Luca et moi avons échangé un regard désemparé : nos ravisseurs nous avaient rattrapés !

Le camion s'est rangé au bord de la route, et un moudjahidine inconnu est venu s'adresser au chauffeur d'une voix terrifiante. J'en tremblais jusqu'au tréfonds de mon être. Le moudjahidine a posé des questions auxquelles notre chauffeur a répondu de façon énergique. Ils ricanaient entre eux. Jusqu'à présent, notre chauffeur m'avait paru être un homme très calme, posé, ce qui me donnait l'impression qu'il jouait maintenant la comédie. Quant au vieillard, il semblait comprendre la gravité de la situation : il s'est avancé sur la banquette pour nous dissimuler aux yeux du moudjahidine. Les minutes passaient, et c'est à peine si j'osais respirer, le regard dirigé vers le plancher de la cabine.

Finalement, le moudjahidine a regagné sa camionnette, et notre chauffeur a redémarré. Nous repartions vers Kidal, sains et saufs ! Dès lors, j'ai décidé de nommer notre chauffeur l'Ange Gardien. J'osais à peine l'observer à la dérobée pour tenter d'analyser ses émotions. Il était redevenu sérieux, comme au début, mais maintenant il semblait aussi inquiet. Le véhicule des moudjahidines a rebroussé chemin, nous laissant la voie libre.

L'Ange Gardien avait dû mentir à l'autre type et, ce faisant, il nous avait sauvé la vie. Je n'arrivais pas à y croire ! Peu après, un autre camion a rattrapé le nôtre, et les deux se sont immobilisés au bord de la route. L'homme et le vieillard sont descendus pour aller s'entretenir avec l'autre chauffeur. En observant leurs gestes dans le rétroviseur, j'ai compris qu'ils se connaissaient. Lorsque l'Ange

Gardien et le vieillard ont remonté dans le camion, celui-ci a pris ma place contre la portière, me repoussant vers le milieu. Ainsi, il pouvait mieux surveiller dans le rétroviseur ce qui se passait derrière nous et il tenait le chauffeur au courant de ce qu'il voyait. Quant à l'autre camion, il nous suivait comme une ombre.

Pendant tout le voyage, notre Ange Gardien quittait la route chaque fois qu'il voyait un véhicule arriver au loin, en sens inverse. L'énorme camion bifurquait alors dans le désert de sable, sans doute pour nous soustraire à la vue des autres voyageurs. Par contre, le second camion restait toujours sur la route en roulant lentement, attendant notre retour. Nous avons progressé ainsi, des heures durant, jusqu'à ce que nous arrivions dans une petite ville. Kidal, enfin !

Une fois à Kidal, l'Ange Gardien a immobilisé son camion devant un immeuble gouvernemental, et le vieillard nous a fait signe de descendre. Terminus ! Nous étions libres ! Nous avons pris le temps de remercier chaleureusement nos courageux sauveurs qui nous laissaient entre de bonnes mains.

Mais était-ce le cas ? Avions-nous réussi ? Étions-nous vraiment libres ? C'était irréel.

Nous avons pénétré dans l'immeuble du gouvernement où deux hommes de la MINUSMA, deux Français, nous ont pris en charge. La MINUSMA (Mission multidimensionnelle intégrée des Nations Unies pour la stabilisation au Mali) est une opération de maintien de la paix de l'ONU. Les deux hommes avaient beaucoup de questions à nous poser...

Nous étions libres. Était-ce possible ? Pour être franche, je n'y croyais pas, je ne pouvais pas m'en convaincre, nous ne pouvions tout simplement pas être libres, comme ça, comme par magie ! Pas après les quinze mois que nous venions de vivre. Et tous ceux qui étaient encore retenus prisonniers dans le désert ? Qu'adviendrait-il des autres otages ? Les moudjahidines devaient être furieux ! Les pensées tourbillonnaient dans ma tête...

Tout s'est passé très vite par la suite. Des agents de la MINUSMA nous ont donné à manger, et nous avons pu prendre une douche. Ils nous ont aussi apporté des vêtements propres. Un médecin nous a examinés, m'a donné un anti-inflammatoire pour soulager mon genou. Tout était en train de se mettre en place. Les hommes ont prévenu nos gouvernements respectifs. Des transports s'organiseraient dès le lendemain : un hélicoptère pour Gao, ensuite un avion pour Bamako.

Nous étions libres. C'était difficile à comprendre sur le coup, mais la liberté se dessinait devant nous, avec toutes ses couleurs et ses possibilités. Elle était belle, la liberté, plus belle que jamais !

L'ange gardien

Des ailes viennent de passer,
Ornées de pureté et de lumière.
Elles arrivent de la Voie lactée,
M'aveuglant en tombant sur terre...

Un ange s'est relevé au loin,
Secouant ses plumes de travers,
Faisant tomber quelques astres éteints,
S'accrochant dans leur chute stellaire...

Il était d'une étrange beauté,
Ses yeux brillaient d'étoiles filantes,
Il battait doucement des cils, longs et nacrés,
Posant son regard sur mon âme soupirante...

Il prit le ciel dans ses mains,
Souffla des poussières bleu azur,
Parsemant d'étoiles mon chemin,
Soulevant les éclats les plus purs...

Il se tourna plusieurs fois vers moi,
Me souriant tout en restant au loin,
Me fit signe que mon temps n'était pas fini ici-bas,
Puis déploya ses ailes vers d'autres destins.

27 août 2019   253e jour de captivité

Section X   TROIS PAYS

1er au 7e jour de liberté

Chapitre 43

Le Mali

LUCA ME CHUCHOTAIT À L'OREILLE en me caressant le bras, afin de ne pas me brusquer.

— Edith, réveille-toi... Il est déjà quatre heures, il faut se préparer à aller prendre l'hélicoptère.

J'étais couchée sur un lit d'hôpital, dans une salle de la MINUSMA. Nous avions pu dormir un peu après les interrogatoires de l'armée française, qui s'étaient étirés jusqu'à minuit. La France combattait les terroristes au Mali depuis les rébellions de 2013. J'étais épuisée parce que nous n'avions pas dormi la nuit précédente. J'essayais de soulever mes paupières lourdes... Soudain, la réalité m'a frappée en plein visage. Nous étions libres! Mes yeux se sont rouverts sous le choc de cette révélation! Cette nouvelle réalité était à peine palpable, j'avais beaucoup de mal à l'assimiler. J'ai levé les yeux vers ce jeune homme qui était libre lui aussi, et je lui ai souri.

— Te rends-tu compte que nous sommes libres?

— Oui, nous sommes libres, m'a-t-il répondu avec douceur. Comment te sens-tu?

— J'ai de la difficulté à y croire.

— Moi aussi, m'a-t-il dit en souriant tendrement.

Quelqu'un a cogné à la porte, et Luca est allé ouvrir. Un homme d'une nationalité inconnue nous a annoncé qu'une voiture nous attendait.

— Nous serons là dans cinq minutes, a répondu Luca.

Luca n'aimait pas faire attendre les gens, je le savais, alors je suis vite allée me brosser les dents. J'étais intimidée par tout ce qu'on faisait pour nous, par les montagnes que tous ces gens s'évertuaient à déplacer. Ces douze dernières heures, des centaines d'êtres humains s'étaient mobilisés autour de nous. Je ne sais pas ce que chacun faisait exactement, mais je me sentais coupable de causer tant de soucis. J'aurais voulu me recroqueviller en une toute petite boule, sans déranger personne. Mais les choses se passeraient autrement. On me ramènerait à la maison, coûte que coûte. On me protégerait, à la vie, à la mort. Quel changement radical !

Avant de partir, nous avons remercié tout le monde, en particulier le Français qui s'était si bien occupé de nous. Il nous a offert une couverture bleue avant de nous dire au revoir.

— Prenez ça avec vous, il peut faire froid dans l'hélicoptère.

— Merci, me suis-je empressée de répondre en acceptant son cadeau.

J'en ai discrètement effleuré ma joue pour en éprouver la douceur. Enfin, quelque chose de douillet, et non pas de rude. Ma vie s'améliorait à chaque instant.

Luca m'a tenu la main jusqu'à l'hélicoptère. Je me demandais comment il se sentait. Il n'était pas enclin à exprimer facilement ses émotions, donc je devais souvent essayer de décrypter son langage corporel. Nous avons été les premiers à monter à bord avec notre escorte. Par la suite, l'appareil s'est rempli de civils qui partaient comme nous pour Gao.

Après un vol de 280 kilomètres, Luca m'a montré une petite ville par le hublot. Comme nous portions un casque antibruit, je lui ai répondu par un hochement de tête. Nous arrivions à destination.

Nous avons été accueillis à Gao par un homme qui nous a emmenés dans le salon V.I.P. de l'aéroport. Il nous a gentiment offert à boire et à manger pendant que nous attendions notre prochain vol. Peu après, l'homme qui nous escortait depuis Kidal est monté avec nous dans un petit avion pour Bamako, la capitale. Il avait pour mission de nous confier aux autorités maliennes, puis le Canada prendrait la relève, mais pas tout de suite. Nous ne comprenions pas grand-chose à ce ballet diplomatique, nous faisions simplement ce que l'on nous disait de faire.

À notre descente d'avion à Bamako, nous avons eu la surprise d'être accueillis par des caméras, des flashes, des brouhahas. Luca Tacchetto et Edith Blais, deux otages enfin retrouvés! Un Italien et une Canadienne avaient été libérés! Les journalistes causaient tout un chahut autour de nous.

— Comment vous sentez-vous après quinze mois de captivité? nous a demandé un homme qui tendait son micro vers nous.

J'étais en état de choc! Confuse, bousculée. On nous conduisait vers un édifice, mais, avant que nous puissions y pénétrer, une femme portant un masque a pris notre température. À l'entrée, un Africain est venu vers nous et s'est présenté: il était le chef de la MINUSMA.

— Nous nous sommes parlé hier soir au téléphone, nous a-t-il rappelé.

J'ai voulu lui serrer la main, mais il m'a plutôt offert son coude. Surprise, j'ai touché son coude du mien. Peut-être était-ce une poignée de main à l'africaine. Quoi qu'il en soit, ça m'a tellement déroutée que j'ai éclaté de rire.

Un autre homme s'est présenté, nous donnant lui aussi une « poignée de coude ». Je riais encore. Elle m'amusait, cette coutume africaine. D'autant plus que cet homme-là n'était pas un Africain, c'était l'ambassadeur du Canada au Mali! Luca aussi semblait trouver cette pratique assez comique. L'ambassadeur a compris que nous ne savions pas ce qui se passait dans le monde, alors il nous a expliqué que nous étions en pleine pandémie. Pour la première fois, j'ai entendu parler du coronavirus. Et moi qui, séquestrée dans le désert, m'étais si souvent demandé ce qui pouvait bien se passer ailleurs sur la planète...

Nous avons ensuite rencontré une multitude d'hommes importants que nous avons suivis dans une salle. Je me suis alors tournée vers l'ambassadeur pour lui demander :

— Les médias pourraient-ils sortir ? J'ai besoin de respirer.

— Bien sûr !

Pendant qu'il demandait poliment aux journalistes de quitter les lieux, une femme qui l'accompagnait m'a expliqué que nous nous parlerions un peu plus tard. Elle travaillait pour les Affaires mondiales du Canada, le ministère chargé des relations diplomatiques.

Dans cette salle, nous avons répondu à de nombreuses questions. J'ai aussi parlé au téléphone avec le ministre des Affaires étrangères du Canada. Il disait être en contact avec ma famille depuis qu'il avait appris la grande nouvelle au cours de la nuit. Il m'a aussi dit qu'il avait hâte de me serrer dans ses bras, et que plusieurs hommes et femmes, qui tentaient de me retrouver depuis quinze mois, s'étaient mis à pleurer en apprenant que nous nous étions évadés. Ça m'a émue profondément d'apprendre que tant d'inconnus avaient à cœur notre bien-être.

— Voudrais-tu que je transmette un message à ta famille ?

— Dites-leur que je vais bien et que je les aime ! ai-je répondu avec émotion.

Il m'a aussi précisé qu'il avait contacté le ministre des Affaires étrangères italien. Il voulait savoir si Luca et moi souhaitions rester ensemble pour l'instant.

— Comme nous ne voulons pas vous séparer, nous pensions vous envoyer ensemble dans un hôpital spécialisé, en Allemagne.

À ces mots, je me suis tournée vers Luca qui venait justement de parler au téléphone avec le ministre des Affaires étrangères italien. Je lui ai demandé s'il voulait m'accompagner en Allemagne, et il m'a répondu que oui, que son ministre venait de le mettre au courant de cette idée. J'ai donc accepté la proposition du ministre canadien. Je dois avouer que je trouvais mon gouvernement particulièrement humain et généreux de prendre ainsi mon ami italien sous son aile, et ce, dans le souci de ne pas nous séparer après cette expérience traumatisante.

Tout au long de ma captivité, je me suis interrogée sur l'engagement du Canada dans cette affaire. Je me demandais même si l'on connaissait mon nom en haut lieu, si l'on était au courant de ma disparition. J'étais donc très touchée de tous ces témoignages de sympathie et d'humanité. Le ministre des Affaires étrangères canadien m'a alors appris qu'il maîtrisait l'italien et qu'il aurait souhaité parler à Luca. J'ai donc passé le téléphone à mon ami.

Par la suite, j'ai répondu aux questions du chef de la MINUSMA et d'un autre homme haut placé dans le gouvernement malien. Je me sentais un peu dépassée par les événements. Une fois ces entretiens terminés, on nous a annoncé que le président du Mali souhaitait nous rencontrer. Nous avons donc quitté la salle pour replonger dans la folie médiatique. Totalement désorientée par cette agitation, je suivais Luca de très près, comme si j'avais voulu qu'il me protège. C'est que je m'étais accoutumée au silence, à la solitude, à la seule présence de mon ombre ou à celle de Luca. J'étais perdue dans cette foule bruyante, étourdie devant les micros que l'on me brandissait au visage.

Nous sommes montés dans une camionnette conduite par des militaires maliens. Une autre camionnette frayait le chemin devant nous en zigzaguant dans le tumulte des rues de Bamako, emportant dans sa caisse des militaires armés de mitraillettes. Plusieurs autres véhicules nous suivaient. Notre escorte klaxonnait furieusement pour avertir les civils de notre passage. Nous frôlions dangereusement les autos que nous dépassions à toute allure. Je me demandais comment les hommes armés arrivaient à rester debout dans la caisse de leur camionnette. À un moment donné, un policier à moto s'est placé en tête du cortège, sirène hurlante, ce qui a fait taire les klaxons.

J'étais inquiète parce que je savais que les moudjahidines étaient partout. Je veux dire, aussi à Bamako ! Et, comme nous ne nous déplacions pas discrètement, je craignais que nous ne soyons une proie facile pour Al-Qaïda. Peut-être que les djihadistes rêvaient de nous donner une bonne leçon, montrer au monde entier que nul ne peut se soustraire à leurs griffes. Je les imaginais guettant notre passage, armés de lance-roquettes. Le comportement des militaires maliens était incompréhensible. Luca aussi avait une mine effarée. Il semblait décontenancé.

— Même celle-là nous l'aurons vécue ! lui ai-je lancé.

— *Mamma mia !* m'a simplement répondu Luca en me serrant la main pour me rassurer.

À un moment donné, une femme a perdu le contrôle de sa moto, probablement déroutée par le désordre causé par notre convoi fou. J'ai vu la pauvre femme s'écraser par terre. Des passants se sont approchés d'elle pour l'aider, mais nous avons poursuivi notre route comme si de rien n'était.

— Arrêtez ! me suis-je écriée en montrant du doigt l'accidentée.

— *O cazzo !* (merde !) a crié Luca en se retournant.

Plus tard, le médecin qui s'occuperait de moi jusqu'à mon retour au Canada m'a appris que, ce jour-là à Bamako, des militaires canadiens nous suivaient à la trace en attendant que le Mali nous remette officiellement entre les mains du Canada. Des histoires de politique, de protocole, de diplomatie. Mais ils assuraient néanmoins notre sécurité au milieu de ce désordre cacophonique. Ce médecin baraqué et chauve, que je baptiserai M. Net (il était le sosie du personnage emblématique des célèbres produits de nettoyage), m'a dit qu'il avait vu, lui aussi, la femme tomber à moto. Il avait aussitôt demandé au chauffeur de s'immobiliser, mais celui-ci ne pouvait pas contrevenir à l'ordre de nous suivre. Donc, personne ne s'était arrêté pour porter assistance à cette femme. Quelle situation étrange et angoissante !

Nous arrivions enfin à destination ; la résidence présidentielle se profilait devant nous. Les journalistes nous ont pourchassés jusque dans la salle où nous rencontrerions le président du Mali. Comme j'étais assise à côté de l'ambassadeur canadien, je lui ai chuchoté à l'oreille :

— C'est très dangereux de nous promener comme ça dans les rues de Bamako. Les moudjahidines savent exactement où nous sommes et pourraient nous attaquer.

Je ne me sentais pas en sécurité et j'avais très hâte de quitter l'Afrique. Pour me rassurer, l'ambassadeur m'a précisé que le Canada veillait en tout temps sur notre sécurité. Luca semblait un peu plus calme que moi, du moins en apparence. J'étais contente qu'il soit à mes côtés.

Le président n'a pas tardé à faire son entrée et à prendre place dans son fauteuil. Luca et moi nous sommes entretenus avec lui pendant un bon moment, puis, une fois la discussion terminée, il s'est levé pour saluer l'assistance et, avant de sortir de la salle, il nous a tous mis, avec un brin d'humour, un trait de Purell dans les mains. Nous l'avons ensuite suivi dehors, où il a fait un discours devant les journalistes. Je ne sais pas ensuite ce qui s'est produit exactement, mais quelqu'un nous a poussés, Luca et moi, à côté du président. J'essayais d'avoir l'air naturelle. J'ai joint les mains devant moi, mais je me sentais embarrassée. J'ai alors jeté un coup d'œil à Luca qui, lui, avait le regard tourné vers un cameraman qui nous filmait. Mon pauvre ami semblait aussi incommodé que moi. Et quoi encore?

Le discours du président terminé, la femme des Affaires mondiales (appelons-la Caroline) nous a annoncé que nous devions faire une dernière halte avant de pouvoir enfin nous rendre à l'ambassade du Canada pour nous reposer, nous laver, manger. Le Mali n'en avait pas encore fini avec nous.

Nous avons dû remonter en camionnette, dans le même convoi délirant qui nous avait amenés à la résidence du président. Peu après, ailleurs, nous répondions à d'autres questions dans une autre salle. C'est là que j'ai fait la connaissance de mon garde du corps canadien (appelons-le Mr Yung). Ce fut un événement mémorable! Mr Yung serait mon personnage préféré de tous les temps!

Les discussions dans cette salle duraient depuis plusieurs heures, et nous étions exténués. C'est alors qu'un homme est apparu en balbutiant quelques mots de français. J'ai compris qu'il était anglophone, qu'il ne maîtrisait pas ma langue, alors je lui ai demandé:

— *Can I help you?*

Il m'a expliqué qu'il essayait de dire à nos interlocuteurs que le temps qui leur avait été imparti était terminé, que nous devions maintenant rentrer à l'ambassade du Canada. C'est donc avec joie que j'ai mis fin à cette séance de discussion. Nos interlocuteurs, compréhensifs, nous ont salués et souhaité bonne chance.

Nous avons suivi Mr Yung et Caroline jusqu'à leur véhicule — aux vitres blindées, nous a-t-on précisé. Nous avons retraversé Bamako, mais cette fois à une vitesse normale, incognito. Tous les occupants rigolaient en lançant des blagues, et le chauffeur sifflait au volant. J'ai enfin pu relaxer et me caler dans mon siège. Nous étions maintenant entre les mains du Canada...

Chapitre 44

L'ambas sade

— **QU'AIMERIEZ-VOUS MANGER?** nous a demandé Caroline, assise avec nous sur la banquette arrière.

— Des fruits! me suis-je écriée.

Je rêvais depuis quinze mois de manger de délicieux fruits sucrés, frais et juteux. J'avais besoin de vitamines pour suppléer à mon alimentation carencée. Caroline a ri tout en textant ma requête à son équipe.

— Luca adore les mangues, ai-je osé ajouter.

Elle a souri de nouveau en textant ce détail supplémentaire. Peu après, elle a reçu la réponse de l'ambassade et nous a dit que nous aurions nos fruits. Luca l'a remerciée, et c'est alors que Mr Yung, qui était assis à l'avant, a lancé :

— *Welcome to the house!*

Nous arrivions à l'ambassade du Canada.

— Que voulez-vous faire d'abord? a dit Caroline. Vous doucher? Manger? Vous reposer?

— J'aimerais bien prendre une douche, ai-je répondu. Ensuite, nous pourrions manger.

Luca a acquiescé. Sur ce, quelqu'un a ouvert la portière et nous sommes descendus de voiture.

— Je vous conduis à votre chambre, nous a proposé Caroline.

C'était une très jolie chambre située à l'étage. Il y avait même un sac de bienvenue sur le lit ! Il contenait des vêtements, des livres, des savons, des crèmes, des parfums, des poudres, des fards, du mascara... Je crois que c'était la première fois de ma vie que l'on m'offrait des produits de maquillage !

— *Cazzo!* s'est exclamé Luca. C'est Noël !

Nous avons profité de ce répit pour nous reposer un peu et pour nous faire beaux avant d'aller dévorer nos fruits.

— Es-tu prête, *principessa*?

— Oui ! J'ai faim !

En redescendant au rez-de-chaussée, nous avons croisé Caroline.

— Suivez-moi !

Dans la salle à manger, des gens attendaient patiemment notre arrivée autour d'une grande table couverte de victuailles, mais mon regard s'est plutôt arrêté sur l'éventail de beaux fruits.

— Nous avons écumé les rues de Bamako ! a lancé un jeune homme en déposant sur la table une assiette qui débordait de mangues parfaitement bien découpées.

— Wow ! s'est exclamé Luca.

Je ne le savais pas encore, mais ce jeune homme costaud au crâne chauve était notre médecin, M. Net.

— Il y a aussi des mets thaïs et indiens, a dit Caroline en accompagnant ses paroles d'un geste ample vers la table.

J'étais très excitée à l'idée de déguster tous ces plats. Quelles merveilles !

On nous a ensuite présentés aux convives, des hommes et des femmes qui étaient tous venus au Mali pour élucider le mystère de notre disparition et pour nous retrouver. Nous étions très touchés.

Pendant le repas, un homme est entré dans la pièce et s'est dirigé vers Luca. C'était un Italien nerveux, au long toupet rebondissant. Il a expliqué à Luca qu'il pouvait aller en Allemagne s'il le souhaitait, bien sûr, mais qu'un avion pouvait le ramener en Italie le soir même. M. Net s'est joint à la conversation en disant que cet hôpital, en Allemagne, était des plus excellents, que nous y serions bien soignés.

Luca, lui, continuait d'écouter son compatriote qui se faisa... plus insistant.

— C'est l'Italie, c'est mon pays, a alors dit Luca en se tour... vers moi. Je vais rentrer chez moi.

À ces mots, mon cœur s'est serré dans ma poitrine.

— Oui, je comprends, Luca.

Tout le monde semblait déçu, sauf l'émissaire italien. Bien entendu, les convives comprenaient parfaitement bien Luca de vouloir rentrer auprès des siens. Cette nouvelle réalité m'a heurtée douloureusement. Ainsi, nous nous séparerions... Je n'étais pas prête à le voir me quitter si vite. L'Italien a alors prêté son téléphone à Luca pour qu'il puisse appeler sa famille. Luca est sorti de table et a quitté la pièce.

Voyant que l'absence de Luca se prolongeait, le médecin m'a proposé de m'examiner. On lui avait demandé un rapport médical dans les plus brefs délais, avant mon départ du Mali. Je l'ai donc suivi jusque dans son cabinet, dans une pièce voisine. Peu après l'examen, alors que le médecin et moi bavardions, j'ai vu Luca passer dans le couloir.

— Je suis ici !

Il est revenu sur ses pas et est entré dans le cabinet.

— Je suis désolé, *principessa*, m'a-t-il dit d'un air navré. Je dois y aller...

— Déjà !

— Dans dix minutes.

J'étais abasourdie. Nous sommes immédiatement remontés dans notre chambre. J'avais l'estomac noué. Mes larmes risquaient de couler, je devais être forte. Nous avons discuté pendant de précieuses minutes, et puis l'émissaire italien a cogné à la porte. Luca m'a dit au revoir et il est parti.

— Au revoir, Luca. Embrasse ta famille pour moi !

J'étais pétrifiée. Luca me quittait encore une fois ! Mon cœur se déchirait. Je me suis alors recueillie quelques instants pour me remettre de mes émotions, puis j'ai quitté la chambre. Moi aussi, je devais téléphoner à ma famille.

ques minutes plus tard, Caroline et moi sommes remontées à la chambre. Elle s'est arrêtée sur le seuil, a composé un numéro sur le téléphone et m'a tendu l'appareil. Avant de s'éclipser, elle m'a précisé :

— Prends ton temps. L'avion décolle dans une heure.

Ça sonnait chez moi, à l'autre bout du monde. J'entendais le timbre dans l'appareil... Mon cœur palpitait !

— Allô !

C'était la voix de ma mère.

— Maman !

— Oh ! mon Dieu ! Ma chérie ! Comment vas-tu ? Où es-tu ?

— Je vais bien, maman. Je suis à l'ambassade, à Bamako. On s'occupe bien de moi ici...

— Attends ! Je te mets sur le haut-parleur, ta sœur est ici ! Je suis tellement contente d'entendre ta voix !

Je n'avais jamais entendu la voix de ma mère si heureuse, si soulagée.

— Salut, *sister* !

C'était la douce voix de ma sœur qui m'arrivait comme une onde d'amour.

Chapitre 45

L'Alle ma gne

— **O.K. BYE-BYE**! Je vous aime! On se voit dans une semaine!

Quel bonheur d'avoir enfin pu parler à ma mère et à ma sœur, de savoir qu'elles allaient bien toutes les deux! C'était comme si l'on m'avait enlevé un fardeau des épaules. Je me sentais plus légère. Tout allait bien. Pendant tous ces longs mois où j'avais vécu à l'écart du monde entier, il n'était rien arrivé de grave aux personnes que j'aimais. J'avais maintenant envie d'appeler mon père. Justement, Caroline avait reparu.

— Et puis, comment vas-tu?

— Très bien, merci. Je crois que tout le monde est soulagé, maintenant.

— Je n'en doute pas! Es-tu prête à partir? C'est l'heure.

— Oui.

J'appellerais donc mon père plus tard.

Sur la route de l'aéroport, mon garde du corps, Mr Yung, m'a annoncé que nous prendrions un avion-cargo militaire, un nouveau modèle, le plus gros de tous. C'était le seul avion disponible ce soir-là. Caroline avait pris un oreiller dans ma chambre et l'avait emporté, m'expliquant que cet appareil ne serait pas très confortable. J'étais sur le point de comprendre ce qu'elle avait voulu dire exactement par là.

éroport, une dizaine de personnes se trouvaient avec moi
le salon V.I.P. Elles travaillaient toutes à l'ambassade et étaient
ues me dire au revoir et me souhaiter bon voyage. Seules trois
entre elles feraient le voyage avec moi : le médecin, M. Net ; mon
garde du corps, Mr Yung ; et Caroline, des Affaires mondiales, qui
veillait à ce que je ne manque jamais de rien. Ces gens étaient si
gentils avec moi que j'en étais troublée. Mais j'ai aussi beaucoup ri
avec eux, et ça m'a fait un bien fou. Les deux hommes étaient de
vrais bouffons, et la femme, très douce et sincère. Ils me touchaient
le cœur.

— Et puis, que s'est-il passé dans le monde en 2019 ? ai-je lancé à
la cantonade dans le salon V.I.P.

Les uns après les autres, ils m'ont parlé des événements mar-
quants de cette année-là. Les échanges allaient bon train. À un moment donné, j'ai remarqué qu'il y avait une belle orange dans une
corbeille de fruits, et j'ai demandé si je pouvais la manger. Mr Yung
s'est aussitôt précipité. Il me parlait toujours en anglais, mais je vais
traduire ses propos :

— Laisse-moi la peler pour toi, m'a-t-il proposé en tirant un couteau de sa poche.

J'étais tellement surprise par cet élan de gentillesse que mes yeux
se sont mouillés de larmes. Je me suis empressée de les cacher.
Quelques secondes plus tard, il m'a tendu le fruit épluché sur une
serviette de papier.

— Votre orange !

Quel gentleman ! Je sentais que ces trois-là me traiteraient comme
une princesse jusqu'à mon retour au Canada. J'ai souri et l'ai remercié
de cette belle attention. J'ai alors eu l'idée de partager cette orange
avec les autres. Deux ou trois hommes ont pris un quartier avec plaisir. C'est alors que l'on a cogné à la porte du salon. L'heure du départ
avait sonné. Avant de partir, Mr Yung m'a fait un clin d'œil et a pris
une deuxième orange pour la route. Je lui ai adressé un autre sourire.

J'ai suivi mes accompagnateurs jusqu'à... un monstre ! C'était un
avion, ça ? Pour moi ? Cette bête géante, un Hercule, pouvait transporter des chars d'assaut et des avions de combat. Un avion qui peut

transporter des avions ne peut être qu'immense ! Mr Yung s'amusait de mon ébahissement.

— Tout ça, c'est pour nous quatre.

— ...

Pas un mot ne franchissait mes lèvres. Nous étions si minuscules à côté de ce mastodonte ! Comment cette chose si énorme pourrait-elle voler ? J'étais fascinée. En montant à bord, Caroline m'a donné l'oreiller de l'ambassade. Je l'ai remerciée et me suis assise sur une des très nombreuses chaises pliantes qui s'adossaient à la carlingue. Deux militaires jouaient les agents de bord. L'un d'eux s'est avancé pour nous expliquer les consignes de sécurité. L'autre nous a donné des bouchons pour les oreilles. J'ai vite compris pourquoi.

Le monstre s'est mis en marche et grondait de toute sa puissance lorsqu'il a pris le ciel, nous emportant dans son ventre. C'était assourdissant. Peu après, nous avons pu détacher notre ceinture. Mon garde du corps s'est levé immédiatement et s'est dirigé au milieu de l'avion, où il y avait plusieurs boîtes de carton. Il m'a fait signe de m'approcher. Nous devions communiquer par des gestes à cause du vacarme des moteurs. Que faisait-il ? Assis par terre, il ouvrait les boîtes une à une avec enthousiasme. Il en a tiré une assiette en carton, et puis une brochette de poulet, un pita, du taboulé, du houmous... Il y avait un festin dans ces boîtes ! Il m'a encore fait signe de m'approcher, et cette fois j'y suis allée. Je me suis assise à côté de lui, j'ai pris l'assiette qu'il me tendait, et j'ai pu me composer un bon repas, comme à un buffet. Caroline est venue se joindre à nous. Je me suis alors rendu compte que M. Net dormait profondément sur sa chaise, la tête penchée en avant. Il était déjà tard dans la soirée et nous étions tous exténués par l'intensité des événements. Mon médecin avait malheureusement perdu la bataille contre le sommeil avant le repas.

Une fois le festin terminé, j'ai fait signe à Mr Yung que je voulais dormir. Ayant vu mon geste, un des militaires s'est empressé de déplier cinq ou six strapontins qui me serviraient de lit. Il a aussi étendu un long carton sur ces sièges pour combler les espaces qui les séparaient. Je l'ai remercié et me suis allongée là-dessus avec mon oreiller de l'ambassade et la couverture bleue que le sympathique Français de la MINUSMA nous avait offerte à Kidal. ENFIN! J'étais couchée... La journée m'avait paru interminable, j'étais vannée. Mes quatre heures de sommeil de la nuit précédente semblaient déjà si loin. Quant à Mr Yung, il s'est étendu par terre, dans son sac de couchage.

J'ai soupiré et j'ai fermé les yeux. Soudain, j'ai senti une présence à côté de moi. C'était Mr Yung qui m'offrait gentiment son sac de couchage. Je lui ai fait un grand sourire de remerciement et j'ai à peine hésité à prendre ce trésor de ses mains. Un lit, un oreiller, une couverture bleue, un sac de couchage. Quel confort! J'allais dormir comme sur un nuage!

J'ai fermé les yeux...

J'ai rouvert les yeux...

Il y avait de l'activité dans le Hercule. M. Net m'a fait signe que nous devions nous préparer pour l'atterrissage. Quoi?! Je n'avais fermé les yeux que pendant dix minutes! Du moins, c'est ce qu'il me semblait. Mais, si nous arrivions à destination, en Allemagne, cela signifiait que nous avions volé pendant neuf heures. Comment était-ce possible? Je devais vraiment être épuisée pour avoir dormi si longtemps, sans sourciller, dans un vacarme pareil.

Dès que l'avion a atterri, nous avons pu enlever les bouchons de nos oreilles et nous parler enfin. Caroline m'a demandé si j'avais bien dormi.

— Comme un bébé! Je crois que je n'ai jamais dormi aussi profondément de toute ma vie!

Le trio riait en me disant que je n'avais pas bougé d'un cil durant le vol.

— Et vous? Avez-vous bien dormi?

Leurs visages épuisés et leurs yeux cernés en disaient long sur leur nuit.

— Pas aussi bien que toi, m'a répondu Caroline en souriant.

Au sortir du mastodonte, des infirmières allemandes nous ont refoulés immédiatement: elles devaient d'abord prendre notre température et nous poser des questions. Nous n'étions pas encore

habitués à toutes ces règles sanitaires relatives à la pandémie pa...
qu'elles n'étaient pas aussi bien appliquées en Afrique. Enfin, nou...
avons pu descendre du Hercule. J'ai alors fait la connaissance du
jeune homme qui s'occuperait de moi durant mon séjour à l'hôpital.
C'était un psychologue spécialisé dans le syndrome de stress
post-traumatique. Je l'appellerai Jet Su. M. Net et moi l'avons suivi
jusqu'à l'ambulance qui nous a transportés dans ce fameux hôpital.
Quant à Mr Yung et à Caroline, ils se sont dirigés vers leur hôtel.

On m'a fait visiter l'aile de l'hôpital où je séjournerais.

— On dirait qu'il n'y a personne ! me suis-je exclamée,
interloquée.

— C'est parce que tu es notre seul cas en ce moment, m'a répondu
Jet Su. Cette aile est pour toi seule !

À un moment donné, on m'a montré une salle où je trouverais de
quoi boire et manger. C'est alors que, pour la première fois de ma vie,
j'ai fait la danse du café ! Jet Su riait de me voir si heureuse. J'étais
littéralement transportée de bonheur. On m'a ensuite conduite à ma
chambre, un café à la main. Puis Jet Su et M. Net devaient aller régler
quelques questions avant que celui-ci me confie officiellement aux
Allemands. Mon psychologue m'a donc suggéré de me reposer. J'ai
acquiescé avec plaisir, ce répit ne me ferait pas de tort. Il m'a aussi dit
que les examens médicaux ne commenceraient que le lendemain
matin.

Au cours de la semaine que j'ai passée dans cet hôpital, j'ai eu la
chance de revoir quelques fois mes accompagnateurs canadiens.
Jet Su a organisé deux soupers pour que nous prenions du bon temps
tous ensemble. Ça me faisait du bien de me détendre en leur compagnie. Nous nous entendions bien, nous avions du plaisir et riions
sans cesse. Je dois dire que Jet Su était assez rigolo, lui aussi.

Le jour où j'ai finalement reçu mes verres de contact, j'étais si heureuse et fébrile que je ne tenais plus en place. J'allais enfin comprendre
ce qui se passait autour de moi ! Je pourrais enfin discerner les expressions et les émotions des gens qui m'entouraient ! Je vous assure que je
n'ai pas fait de cérémonie avant de les mettre. Sitôt dans les mains,
sitôt dans les yeux. Debout devant le miroir de la salle de bains, j'ai osé

garder ce reflet qui ne s'attendait pas à me voir avec tant de netteté. Voilà donc à quoi ressemblait le visage de cette petite humaine qui reprenait tranquillement vie. Mon reflet touchait son visage et parcourait les nouvelles rides apparues au cours du long combat. Ensuite, je suis allée retrouver les autres humains qui s'affairaient dans l'hôpital. Quel doux plaisir c'était de les admirer! Il était certain que je ne resterais pas docilement dans ma chambre...

Sur ce, Jet Su est arrivé.

— Bonjour, M. Su, vous me semblez bien différent aujourd'hui, lui ai-je lancé en l'accueillant dans le couloir, devant ma chambre.

— Aurais-tu reçu tes verres de contact? m'a-t-il demandé en riant.

J'ai fait oui de la tête avec le plus grand sourire.

— Maintenant, tu peux voir que je suis italien! a-t-il ajouté, la mine narquoise.

À la vérité, son père était italien et sa mère, coréenne. Le plus drôle, c'est qu'il avait beau se dire italien, il avait l'air parfaitement asiatique, et ce, physiquement et sur le plan du caractère!

Il m'a alors remis une boîte qui, m'a-t-il expliqué, contenait des lettres de ma famille et de mes amis, ainsi que des photos et des peintures de ma nièce et de mon neveu. J'ai aussitôt senti une vague d'émotions m'envahir et j'ai dû me détourner pour cacher mes larmes. Quelle surprise! Quelle joie! Jet Su me regardait avec tendresse, il avait donc vu mes larmes couler. Je les ai essuyées du revers de la main, puis j'ai pris le trésor et j'ai couru m'installer confortablement sur mon lit. Jet Su est venu s'asseoir sur le bord du matelas et il s'est informé de mon état.

— D'un point de vue émotionnel, te sens-tu en mesure de regarder seule ce que contient cette boîte ou préfères-tu que je reste près de toi?

— Je préférerais être seule, ai-je répondu en lui faisant un sourire qui resplendissait de bonheur.

Jet Su a hoché la tête, m'a saluée et est reparti, me laissant seule avec tous ces messages d'amour. J'ai ôté le couvercle de la boîte et j'y ai plongé la main, laissant le hasard décider de la distribution des messages.

Première lettre...

Ma grand-mère adorée ! J'ai dévoré ses mots de tendresse et d'espoir.

« Je t'attends les bras ouverts pour te sentir sur mon cœur. Reviens resplendissante ! Petite bohémienne, je t'aime. »

J'étais touchée au plus profond de mon être. Je lirais toutes ces lettres en les mouillant parfois de larmes.

« Tous les soirs je regarde le ciel et je me dis qu'on voit peut-être les mêmes étoiles. »

« Bienvenue chez toi, sur ta terre d'enfance ! Même si je sais que ton réel "chez-toi" est au centre de ton cœur, peu importe où tu es ! »

Étant donné que je cueillais ces lettres au hasard, je ne les lisais pas dans l'ordre chronologique. Certaines avaient été écrites récemment, après l'annonce de notre évasion, d'autres dataient de janvier 2019, et d'autres encore de décembre 2019.

« Ici, on pense à toi à chaque instant. On se demande ce que tu fais, comment tu vas, si tu es bien traitée et si tu peux parler avec quelqu'un. Je t'imagine les orteils dans le sable, à vivre une vie enracinée dans la nature désertique africaine, en survie. Je sais au fond de moi que si quelqu'un peut le faire, c'est incontestablement toi ! Te souviens-tu de ces histoires où tu montrais à maman que tu soulevais des murs et des autos ? J'y pense quand je veux me rappeler cette grande force innée qui est en toi. »

« J'aimerais pouvoir t'écrire chaque jour, sans fin. Je pense que je le fais un peu dans ma tête, et j'essaie de me souvenir de tous les beaux moments pour qu'on puisse un jour te les raconter ! Avec un peu de chance, je pourrai t'écrire encore, et avec encore plus de chance, nous n'aurons plus à nous écrire, parce que tu seras enfin de retour à la maison ! »

« Que ton rayonnement naturel te protège du mal, de la soif et de la faim ! »

« Ma belle amie, ma belle amour, je suis avec toi à chaque instant, à chaque respiration, à chaque battement de cœur. Je t'aime comme la lumière de la lune, du soleil et des étoiles réunis. Toutes mes pensées d'amour et de lumière vont vers toi. »

« Nous avons pensé à toi tous les jours. Chaque matin on se levait en se disant "Est-ce que ça va être aujourd'hui ?". Te voilà libre enfin ! On a hâte de te serrer dans nos bras. »

J'ai fait une pause pour essayer de reprendre le dessus sur mes larmes. J'ai ensuite tendu les mains vers les deux toiles qui se trouvaient au fond de mon coffre au trésor. Elles avaient été peintes par une nièce et un neveu. Ouf ! Je me demandais comment ma sœur avait pu expliquer à ses enfants ce qui m'était arrivé. Justement, il y avait des mots d'eux. Intriguée, j'ai déplié le papier qui portait leurs noms.

« Bon retour à la maison matante Edith, j'ai hâte de te revoir ! » Félix (13 ans)

« Bonjour Edith, j'espère que tu te sens bien maintenant que nous t'avons retrouvée, j'ai très hâte de te revoir ! Je t'aime beaucoup. » Gabriel (12 ans)

« Chère Edith, je t'aime très fort, j'ai vraiment attendu le temps où on se retrouverait avec impatience, j'ai vraiment hâte de te revoir. À bientôt ! » Maïka (9 ans)

« Chère Edith, nous sommes heureux de te revoir, nous t'aimons tous très fort. Nous étions inquiets pour toi, nous sommes si rassurés de te revoir ! » Ysée (7 ans)

C'était le retour du balancier, comme un cadeau de la vie. Après quinze mois de cauchemar, ces attentions empreintes d'amour m'ont été un souffle de vie.

Chapitre 46

Le Canada

AVANT MON DÉPART D'ALLEMAGNE, Jet Su m'a raconté que, parfois, les victimes du syndrome de stress post-traumatique sont tellement perturbées à leur arrivée qu'elles sont même incapables d'entrer dans l'hôpital. Jet Su s'adaptait à leur état, les soignait au cas par cas.

— Mais je suis persuadé que tu vas bien aller, m'a-t-il dit en me serrant dans ses bras et en me félicitant pour ma résilience et ma bravoure. Tu peux m'appeler quand tu veux, a-t-il ajouté.

Bien sûr, j'étais encore un peu secouée par mes quinze mois de captivité, mais je me sentais plutôt bien malgré tout, et prête à rentrer chez moi. C'était le retour à la vraie vie ! Par chance, Luca et moi avions su garder la tête froide au cours de cette expérience extrême. Je crois sincèrement que le fait que nous ayons vaincu ensemble nos ennemis a grandement influencé notre état. C'était un baume sur nos esprits blessés.

J'ai remercié mon gentil psychologue de ses belles paroles, de son appui et de sa sensibilité, puis je suis montée dans le petit avion qui nous attendait. J'étais toujours accompagnée de mon adorable trio. S'étaient jointes à nous deux femmes que j'avais rencontrées à l'hôpital. L'une travaillait pour la Gendarmerie royale du Canada (GRC), l'autre était une collègue de M. Net, qui était plutôt restée dans l'ombre jusqu'alors, comme beaucoup d'autres personnes d'ailleurs. On ne m'a jamais présentée aux gens qui se trouvaient sur l'arrière-scène. Je crois que c'était à la demande de Jet Su qui voulait réduire les contacts au strict nécessaire, le temps de ma réadaptation. Outre Jet Su, j'avais rencontré à l'hôpital un ophtalmologue, un dentiste, une physiothérapeute, une nutritionniste, des médecins et quelques membres du personnel de soutien. Et, pendant mon temps libre, entre les examens médicaux, des spécialistes du contre-terrorisme étaient venus m'interroger. Toutes les autres personnes avaient gra-. vité dans l'ombre. Jet Su voulait que je puisse m'oxygéner un peu avant de rentrer ; c'était un entre-deux, un temps pour reprendre des forces avant de poursuivre ma route. Il était très protecteur et sou-haitait mettre toutes les chances de mon côté en vue d'une belle guérison. Avant de pénétrer dans l'avion, je me suis tournée vers lui pour lui faire au revoir de la main, et il m'a répondu de la même ma-nière. Il attendait patiemment de voir sa patiente prendre son envol.

On m'a expliqué que, vu la faible capacité du réservoir de cet avion, nous ferions deux escales. La première sur une petite île portugaise, aux Açores ; la seconde en Nouvelle-Écosse. De toute évidence, ce minuscule avion tout mignon était la suite logique du voyage à bord de l'avion-cargo gargantuesque. L'histoire de ma vie allait sans cesse d'un extrême à l'autre. Il y avait dans la carlingue cinq sièges et une banquette. Mon médecin m'a désigné la longue banquette confortable au-dessus de la-quelle étaient rangés des coussins et des couvertures.

— Ça, c'est pour toi, m'a-t-il dit.

— Wow ! Merci ! Vous êtes géniaux ! C'est encore mieux qu'un vol V.I.P. !

Je me suis donc préparé un petit lit douillet pour le voyage. J'avais accumulé beaucoup de fatigue au cours de la dernière année et de-mie, ne dormant pas beaucoup la nuit auprès des moudjahidines fa-natiques et armés. Je profitais maintenant au maximum du confort que l'on m'offrait. Je suis certaine que l'on pouvait voir briller des étoiles dans mes yeux. Je constatais aussi que mes accompagnateurs étaient heureux de me voir sourire si souvent !

Zut! j'avais oublié que je devais m'attacher pour le décollage! Je me suis redressée et j'ai bouclé ma ceinture. L'« agent de bord » s'est présenté avant le décollage, et j'ai tout de suite su que l'on serait aux petits soins avec nous. Il était très attentionné, m'offrant des pistaches et des brownies, mais je n'avais pas faim. Je trouvais comique de voir des militaires jouer les agents de bord. Ils étaient tous très masculins, à l'opposé du style des hôtesses de l'air.

Voilà que l'avion quittait maintenant l'Allemagne pour le Canada. Aussitôt que j'ai pu, je me suis glissée sous les couvertures pour me reposer. Peu après, l'agent de bord m'a proposé un menu des plus alléchants, rien de moins qu'un repas de trois services. Comme plat principal, j'ai opté pour le saumon, puis j'ai refermé les yeux pendant quelques minutes. En les rouvrant, j'ai trouvé un sac de pistaches sur la table devant moi. J'ai souri. J'ai dit aux autres qu'ils pouvaient les manger : ils n'en avaient pas eu, les pauvres. Plus tard, après m'être assoupie, j'ai découvert un brownie sur la petite table. J'étais charmée.

À un moment donné, après plusieurs heures de vol, le pilote en personne est venu à côté de moi.

— Veux-tu m'accompagner dans la cabine de pilotage ? Nous atterrirons sur l'île portugaise dans quelques minutes.

— O.K.!

J'étais ravie! En reprenant place dans son siège, le pilote m'a présenté le copilote, lequel réaliserait les manœuvres de l'atterrissage. Au cours de la descente, celui-ci m'a expliqué joyeusement ce qu'il faisait, en lançant quelques blagues. Mais à une certaine altitude, il a dû se concentrer et il s'est tu. J'ai alors profité du spectacle. L'île verdoyante était très jolie vue du ciel. L'océan calme la caressait doucement de ses vaguelettes. Un minuscule petit homme, tout en bas, nous faisait des signes, nous montrant où atterrir. Nous nous sommes posés tout délicatement. Le copilote avait très bien exécuté les manœuvres. J'ai remercié les deux hommes de m'avoir permis de partager ce moment privilégié avec eux et je suis sortie de l'avion avec les cinq autres passagers pour me dégourdir les jambes pendant que l'on faisait le plein de kérosène.

À mon étonnement, il ventait et faisait plutôt froid sur cette île. Il faut dire que nous étions au milieu de l'Atlantique Nord. Mon garde du corps, remarquant que je n'étais pas vêtue adéquatement, m'a prêté son manteau. Je le répète, ce Mr Yung était un véritable gentleman ! Je venais de passer quinze mois à me sentir comme une marchandise sans valeur, convaincue que le Canada ne payerait jamais de rançon aux terroristes. Et puis, maintenant, depuis un peu plus d'une semaine, on me traitait comme un joyau. Comme quoi on ne sait jamais à quoi s'attendre de la vie : elle a plus d'un tour dans son sac ! Parfois, elle peut faire peur et faire mal, mais j'ai décidé de l'accepter avec tous ses défis, de toujours tout tenter pour m'en sortir victorieuse.

Je regardais Mr Yung qui avait la chair de poule dans son léger chandail aux manches courtes.

— Reprenez votre manteau, vous avez froid !

— Je n'ai jamais froid ! m'a-t-il menti.

Le pilote nous faisait signe au loin de revenir ; nous étions prêts à redécoller.

Pendant la deuxième partie du voyage, nous avons pris un repas digne d'un restaurant cinq étoiles. L'agent de bord était aussi le chef cuisinier. Comment avait-il réussi ce tour de force sans cuisine à bord ? Mystère ! Mais tout était savoureux !

Le vol était plutôt long, et vers la fin je voyais que le médecin avait besoin de bouger. Il s'est alors levé pour faire du yoga dans l'allée. Je lui ai suggéré de faire la chandelle. À mon grand étonnement, cet homme massif et musclé a posé sa tête chauve au sol pour amorcer cette posture. Mr Yung s'est tout de suite placé derrière lui pour le rattraper s'il ne réussissait pas à tenir la position dans l'avion en mouvement. Il voulait éviter qu'il ne troue le plancher en tombant à la renverse ! J'ai pouffé ! Quels bouffons, ces deux-là ! Évidemment, M. Net n'a rien fait d'irréfléchi. Il voulait tout bonnement me faire rire.

La voix du pilote nous a alors demandé de nous asseoir et de boucler notre ceinture : nous allions atterrir en Nouvelle-Écosse, la dernière escale.

Le plein fait, nous sommes repartis vers Montréal, dernière étape de notre long voyage. Un peu plus tard, le pilote nous a annoncé que des vents très forts sur Montréal nous obligeraient à atterrir à Ottawa. Ça compliquait un peu les choses, mais tout se réglerait dans l'heure : on trouverait vite un véhicule qui me conduirait à Sherbrooke, chez ma mère.

Caroline m'avait dit que notre arrivée aurait lieu dans le calme, qu'il n'y aurait pas de journalistes à l'atterrissage. Personne ne souhaitait revivre la cacophonie de Bamako, et ça m'avait soulagée. Je n'ai rien contre les journalistes, mais je n'ai tout simplement jamais aimé attirer l'attention des gens.

La nuit était déjà bien entamée lorsque j'ai pris place dans la voiture et que nous avons quitté Ottawa. J'emportais les numéros de téléphone de mes trois merveilleux accompagnateurs. Ils m'ont fait promettre de les appeler lorsque je remettrais les pieds à Ottawa. J'étais triste de les quitter. Je les aimais beaucoup ; ils m'avaient été d'un grand secours depuis notre rencontre.

Les 350 kilomètres de route m'ont paru plutôt courts parce que, encore une fois, la fatigue m'avait poussée dans les bras de Morphée. Lorsque j'ai rouvert les yeux, j'ai tout de suite reconnu la ville. Nous étions à Sherbrooke et serions bientôt chez ma mère… Mon cœur battait à tout rompre !

La voiture a bifurqué dans l'allée. La maison était éclairée. Je suis sortie du véhicule et j'ai grimpé les marches qui menaient chez…

— Maman ! Je suis là ! ai-je crié sur le seuil de la porte.

Ma mère a accouru vers moi et m'a serrée fort, tellement fort dans ses bras.

— Oh ! ma chérie ! ma chérie ! J'étais tellement inquiète, si tu savais ! Je suis tellement contente de te serrer dans mes bras et de te voir en chair et en os !

La vie

Il marchait au milieu des montagnes qu'elle a peintes,
Trouvant tout ce qu'il voulait, de la neige aux sapins.
Elle a soufflé des nuages qui voulaient voyager,
Apportant ses pluies vers d'autres contrées...

Il rencontra la vie qui s'inspirait du divin,
L'accompagnant sous la pluie, la prenant par la main.
Elle balayait du chemin les feuilles déchirées,
Les tournant dans le vent sous son regard amusé...

Il écoutait chaque fois ce qu'elle voyait au loin,
Se retrouvant soudain à l'intérieur du dessin.
Elle changeait les couleurs tout au long de la journée,
En essayant de retrouver ses couleurs préférées...

Ils éclataient de rire, buvant trop de vin,
Libérant la folie qui se cachait dans le coin.
Elle a offert des fruits qui poussaient par milliers,
A fait construire des ruches pour son plaisir sucré...

Ils couraient dans les champs, tombant dans les foins,
Parcouraient les hivers du Grand Nord canadien.
Elle lui a dit qu'un jour elle devrait le quitter,
Et l'a pris dans ses bras pour un dernier baiser.

Zone Barbe Rousse

 Zone Femmes

 Zone Seule

 Zone Sulayman et Asiya

 Position estimée par Luca lorsqu'il dessine l'emplacement du campement dans le sable. En réalité, nous sommes dans la zone 4.

⊙ Capture

— — — Voyage

· · · · · · · · · • Trajectoire en captivité

 Fleuve Niger

 Adrar de Ifoghas (Désert des Rocs)

Parc W

SÉNÉGAL

GUINÉE

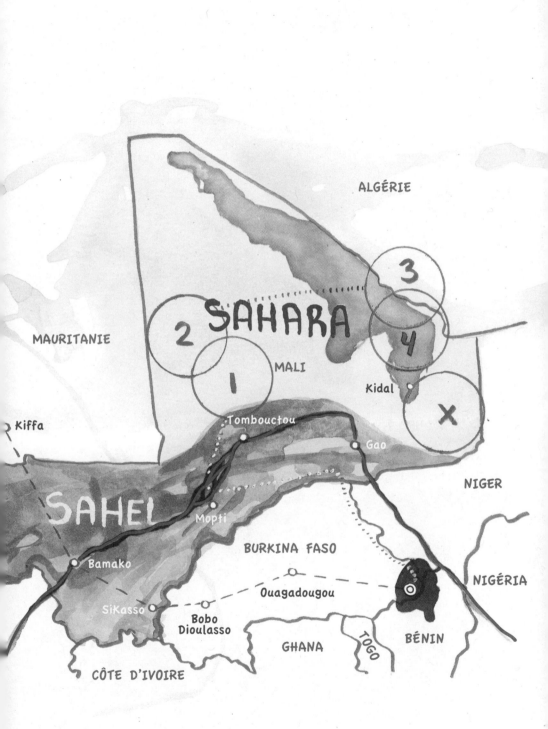

Ma lettre à la vie

NOUS SOMMES LE 14 SEPTEMBRE DE L'ANNÉE 2020 au Canada et de l'an 1442 dans les pays islamiques.

Nous pensons que la Terre est âgée de 4,54 milliards d'années, mais je crois que l'Univers dépasse la limite de nos mathématiques.

Présentement, je suis assise sur un rocher au bord de la rivière Athabasca, près de Jasper, petite ville du centre-ouest de l'Alberta, laquelle est une province du Canada. Le Canada est un pays d'Amérique du Nord, continent qui se trouve sur la Terre. Nous avons délimité et nommé les territoires. Tu sais que les divisions territoriales et religieuses m'ont toujours laissée perplexe.

La diversité est pourtant belle et essentielle à la vie. Pourquoi a-t-elle si souvent porté l'odeur fétide du sang et de la guerre ? Comme si nous n'étions pas tous nés sur la même terre et que nous n'étions pas constitués de la même matière.

Malheureusement, l'homme convaincu de posséder la vérité est potentiellement dangereux. Tu me l'as fait comprendre à plusieurs reprises au cours de ma captivité.

Parfois, l'homme dit que tu peux être cruelle. Avons-nous raison de penser ça de toi ?

Je te pose cette question et j'attends ta réponse...

Toi aussi, tu m'écris une lettre à ta façon. Tu n'es pas humaine, donc tu ne l'écris pas avec des mots, mais plutôt avec des images, des odeurs, des sensations. Ta réponse se trouve devant moi. Aujourd'hui, tu as embrumé les montagnes, là-haut, tout au sommet. Ton message est froid, et le vent le transporte avec force. J'ai entendu ta voix, elle avait le même timbre que le cri du corbeau. Tu me chuchotes aussi quelque chose dans les eaux de la rivière qui cascadent à ma gauche. Aujourd'hui, le soleil n'apparaît pas dans ta réponse, il est resté coincé derrière les nuages.

J'ai enlevé mes souliers pour poser mes pieds nus sur toi, mais tes galets sont très froids. Ton parfum de conifère m'a poursuivie partout dans la forêt. Je me demande combien il peut y avoir de sapins autour de moi. Je ne peux les compter parce que le brouillard en cache plusieurs. Tu ne veux pas me dévoiler la réponse, tu aimes préserver tes mystères.

Te souviens-tu quand j'étais captive dans le désert? Ma vision s'était brouillée, j'avais perdu la beauté de tes images. Était-ce pour que je les apprécie davantage une fois ma vue retrouvée? Si oui, eh bien, ça a fonctionné. Lorsqu'on m'a séparée de Luca dans le désert, voulais-tu que j'apprenne à aimer encore plus la grandeur et l'importance de tout ce qu'il m'apportait? Si oui, eh bien, ça a fonctionné. Ai-je perdu ma liberté pour que je puisse priser et goûter chaque instant une fois que je l'aurais retrouvée? Lorsque j'ai perdu l'eau et la nourriture, était-ce pour apprendre à mieux savourer et à honorer les produits qui poussent sur toi et que tu nous offres en cadeau? Si oui, eh bien, ça a fonctionné.

Je regarde la rivière et je vois mon visage onduler sur tes eaux. J'observe mes réflexions.

Peut-être devrais-je apprécier ces enseignements parce que j'en suis sortie grandie et reconnaissante de tout ce que tu m'offres. Nous sommes sur terre pour évoluer et apprendre, non? Est-ce que ça veut dire que je recommencerais, sachant tout ce que ça m'apporterait à la fin? JAMAIS! J'ai beaucoup souffert là-bas. J'ai souvent pensé perdre la vie, et, lorsqu'on m'a complètement isolée, j'ai eu peur de perdre l'esprit.

Mais comment pourrais-je te trouver rude, impitoyable? Comment pourrais-je maintenant avoir peur de toi? C'étaient les hommes qui me détenaient, pas toi. Toi, la vie, tu nous offres tant de beautés et de possibilités, c'est nous qui n'en faisons pas toujours bon usage.

Merci de nous avoir aidés lors de notre fuite, le 13 mars 2020. Tu as brouillé nos pistes avec ton vent puissant et tu nous as envoyé un ange gardien. Un homme qui a risqué sa vie pour nous redonner notre liberté.

Les hommes peuvent être cruels, mais ils peuvent aussi être bons.

Je vais tenter de chérir ces leçons si durement apprises. J'ai appris à ne rien tenir pour acquis. On prend conscience de ce qu'on avait une fois qu'on l'a perdu. C'est seulement alors qu'on se rend compte que la richesse de la vie se trouve dans les choses les plus simples.

Bien à toi,

UNE HUMAINE

Lettre de Luca

LE MARDI 13 OCTOBRE 2020. Nous sommes rentrés depuis quelques mois, et je commence à peine à comprendre que nous sommes bel et bien libres. Je me réveille le matin et je peux faire autant de pas que je le veux. Je respire à pleins poumons, l'air est bon. Je bois un verre de vin, j'ai les dents rouges. Il n'y a pas de coupables, ni gagnants ni perdants. Nous avons réussi à retrouver la vie que des kalachnikovs nous avaient enlevée, avant qu'il soit trop tard. Je pense sans cesse à ceux qui sont encore en captivité, ici ou ailleurs dans le monde. Nous pouvons maintenant témoigner que la perte de la liberté est difficile ! Heureusement, pour nous, c'est terminé.

Je suis rentré en Italie au printemps, lorsque les fleurs coloraient les prés jusqu'à l'horizon. J'ai vu passer l'été et j'ai entendu les vagues se briser sur le sable. Peut-être n'est-il pas si différent du sable du désert, mais avec la mer qui culbute à côté, le bruit répétitif des vagues, tout me semble plus paisible. Les saisons ont passé, et l'automne s'est amené avec la joie des récoltes. Nous avons cueilli et vinifié nos raisins en famille, et je croise les doigts pour que nous ayons un bon vin. Maintenant l'hiver est là, et moi je suis dans les montagnes, où la neige commence à couvrir les sommets.

Tout est si parfait qu'il m'arrive d'avoir le cœur qui pleure de bonheur. Je ne me souviens plus si avant cette expérience j'avais à ce point conscience de chaque petit souffle de vie : le passé commence déjà à se perdre dans les brouillards.

Petite Edith chantait souvent une chanson qui passe en boucle dans ma tête...

Que Sera, Sera

Que Sera, Sera
Whatever will be, will be
The future's not ours, to see
Que Sera, Sera
What will be, will be...

Merci à la vie !
Luca Tacchetto

Remerciements

Je m'acharne à chercher le mot parfait qui pourrait traduire fidèlement ma reconnaissance. Faute de le trouver, je devrai en utiliser d'autres, plus ternes, comme « merci à l'infini fois mille », ou bien « je vous serai éternellement reconnaissante de votre générosité, de votre temps, de votre talent et, surtout, de votre amour ».

Merci à ma sœur préférée, Mélanie Bergeron Blais, d'avoir trouvé tous les cheveux dans ma soupe. Ces détails subtils que tu t'es acharnée à me faire écrire, avec tout ton amour, ont ajouté au récit une multitude de teintes et de couleurs. Merci de l'appui et du dévouement dont tu m'as fait cadeau. Tu as su m'accompagner dans ce projet sur tous les plans. Je ne peux clore ces remerciements sans ajouter que, quoi que tu en penses, tu es vraiment la *businesswoman* de la famille.

Merci à ma chère amie et poète, Annick Boivin, qui m'a si gentiment accompagnée durant tout le voyage d'écriture. Ta finesse a grandement amélioré le récit.

Merci à mon éditrice, Ann Châteauvert, pour ta belle sensibilité, ta douceur et tes attentions. Je suis si heureuse que nos chemins se soient croisés dans cette aventure.

Merci à l'équipe des Éditions de l'Homme qui m'a suivie avec enthousiasme, bonté et passion.

Merci à Luca Tacchetto de m'avoir appuyée et accompagnée durant cette épreuve. Mon amour et ma gratitude resteront à jamais gravés sur mon cœur.

Merci à ma mère, Jocelyne Bergeron, d'avoir été ma première lectrice. Merci pour tes mots d'encouragement et pour avoir partagé avec moi les émotions qui s'éveillaient en toi. Merci d'être ma plus grande *fan*.

Merci à David Desmarais, mon meilleur ami, pour tout l'amour, l'amitié et la magie dont tu me couvres.

Merci à mon père, André Blais, à mes grands-mères, Madeleine Bergeron et Paula Lemire, à ma belle-mère, Marie-Hélène Granger, et à mes amis, tantes, oncles et cousins qui m'apportent amour, joie et réconfort.

Merci à tous ces gens qui se sont investis pour moi et qui ont tout mis en œuvre pour me ramener chez moi saine et sauve.

Finalement, je voudrais remercier tous ceux qui ont pensé à nous et qui nous ont portés dans leur cœur au cours de notre captivité, et encore à notre retour. Je sais que l'absence de nouvelles a été longue et que j'ai été plutôt discrète à mon arrivée. Je vous remercie de votre patience et du respect que vous m'avez témoigné.

Me voici enfin prête à vous livrer mon histoire en guise de remerciements...

Table des matières

Suivez-nous sur le Web

Consultez nos sites Web et inscrivez-vous à l'infolettre pour rester informé
en tout temps de nos publications et de nos concours en ligne.
Et croisez aussi vos auteurs préférés et notre équipe sur nos blogues !

EDITIONS-HOMME.COM
EDITIONS-JOUR.COM
EDITIONS-PETITHOMME.COM
EDITIONS-LAGRIFFE.COM
RECTOVERSO-EDITEUR.COM
QUEBEC-LIVRES.COM
EDITIONS-LASEMAINE.COM

Imprimé chez Marquis Imprimeur inc. sur du Rolland Enviro.
Ce papier contient 100% de fibres postconsommation,
est fabriqué avec un procédé sans chlore
et à partir d'énergie biogaz.